只是不想回家

遣返回台 夢想

我躺在床上，雙眼凝視房裡的天花板，突然驚覺，假如抑鬱的情緒如同天花板一樣，穩穩嵌在樓與樓之間，即便不可能一夕崩毀，但有一股強烈的負面能量逼著我相信，整個世界塌下來會如同這片薄薄的天花板一樣容易。

歷經三個月低潮又迷惘的日子，一直想讓自己做些什麼，好重回正常的生活軌道。不管怎麼樣，我想讓自己抽離早已熟悉不過的負面狀態，放逐到異地，揮去埋在心底那一層灰。

這段時間我常常自言自語，不斷告訴自己，去經歷一段「什麼」（當時我還沒確定旅行會是一個辦法），或許是最好的幫助，我想引開「沮喪」的注意力，找出一些東西來代替它。我要找出「快樂」的方法。

三個月之前，我可不是這麼想的。

「請問你來加拿大做什麼？」加拿大的海關一邊翻閱護照，一邊制式問了第一個問題。

「我來旅行。」我很鎮定的回答。

「打算停留多久？要去哪些地方？」海關繼續問著。這是我預料中的問題。

「六個月，這是我的回程機票。」我正準備從一疊文件裡抽出回程機票證明，海關制止我的動作。

「你不用出示任何證明，只要誠實回答我的問題。」我第一次感覺到他的語氣帶著嚴厲。

「這六個月要去哪些地方？」海關放慢講話速度，彷彿提醒我最好立刻回答他的問題。我餘光瞄到他身後的座椅，坐著一整排等待被審問的「嫌疑犯」。

「我會先在溫哥華（Vancouver）的朋友家借住一段時間，他是滑雪教練，直到年底我都會待在溫哥華。」我據實以答。這時我心裡惦記著答應收留我的滑雪教練，一定很不解在兩小時前和我通完 Facebook 訊息，確認我抵達機場後，竟然就此失去聯繫。

「他叫什麼名字？」海關瞪著我。

「他叫 Peter，他太太叫 Elaine。」我回答。

「給我他的全名。」海關不耐煩的情緒表露無遺。

「我不知道他的姓，我都叫他 Peter。」我的語氣不甘示弱。

「這很可笑，如果他是你的朋友，為什麼你不知道他姓什麼。」海關一副不可置信的樣子。

隔壁被審問的「嫌疑犯」被強壓在牆壁上搜身，接著被粗魯的推進小房間。我不知道這是不是各國海關慣用的伎倆，試圖殺雞儆猴，或許能縮短其他「嫌疑犯」的審問時間。

「台灣人稱呼彼此都用外號或名字，我真的不知道他姓什麼。」我語氣帶點無奈和求饒。

「現在我必須沒收你的手機，在這之前，把你朋友的電話號碼給我。」海關口氣正式轉為命令。

海關指示我到後方的座椅上休息。我坐了下來，稍稍平復了情緒，才發現距離下飛機的時間，已經過了七小時。

約莫過了三十分鐘，海關從「小房間」走了出來，把我叫回審問台。

「誰是 Kyla？」海關似乎在引導我說出整件事的始末。

「她是幫忙我向加拿大政府申請拍攝加拿大打工度假紀錄片的顧問。」我立刻明白因為沒有第一時間主動告知此事，而被滯留許久的原因。

「但是我知道許可還沒下來，只是想先在加拿大見一些朋友，沒有要立刻進行拍攝，況且這個拍攝案不會在加拿大境內有任何商業用途，這是顧問給我的回覆。」我盡可能快速且一五一十的解釋清楚，深怕他仍懷疑我有所保留。

「你現在才說已經太晚了，證明這才是你來加拿大的目的。」海關冷冷的回我。

接下來近一小時的雙方爭辯，似乎讓海關更加為之震怒。

「你現在必須承認你入境加拿大並非只是為了拜訪朋友，而是另有目的，請你到辦公室簽署一些文件，接著我們會將你遣返回台灣。」海關說：「如果你不願承認你所違反的規定，我會將你滯留在另一個地方等待審問，有可能是幾小時，也有可能是幾天。」海關給了兩個大好大壞的選擇。

「給我最快的班機回台灣吧。」我沮喪的回答。

沒想到外婆贊助的單程機票，竟然這麼快就兌現了。

七個小時後，加拿大海關一前一後「護送」我走向回台登機門。短短的路程，不斷想起兩年前初次踏進加拿大時的悸動、興奮與不安。當時我拖著裝滿即將在異地生活一整年的行囊，手裡握著加拿大政府核准的打工度假簽證抵達溫哥華，十月份，氣溫是最舒服的時候。直到過了聖誕節，我仍然毫無工作欲望，盡情沈浸在這座天然的遊樂園裡。沒多久我找到了住家附近的餐廳，開始用生澀的英語為來自世界各地的客人服務，他們和我一樣是新住民或新移民，點餐前滔滔不絕的閒話家常，使我的英語進步神速；很快的，我又轉往一家賣造型壁貼的專賣店當起設計助理，生活過得充實又美好。我就像剛入學的新生，極欲在陌生環境裡學習新的能力與知識。

這一年對生活充滿動力的日子，自從踏出校園後就從未與我相伴。回台後期望讓更多年輕人靠著自己的能力，擁有在台灣以外國家生存下來的經驗。我想以紀錄片的方式拍攝來自台灣的幾位年輕人，如何在有限的一年內找出生活的另一種方式，發現生命更多可能。

發生被加拿大海關遣返回台的事件後，動搖了我的信念。海關寸步不離護送我抵達登機門，即便沒有戲劇化被上手銬的狼狽畫面，整個人洩氣的狀態大概也相去不遠。事後回想，走出海關辦公室到回台登機門的那段路程，我竟然一點印象也沒有。

返回台灣落地那一刻起，過了三個月低靡的生活，整日與床為伍，天花板彷彿是當下認知的整個世界。就在台灣與愛爾蘭協定簽署雙方為打工度假國家的同時，我毫無企圖心的填了申請書。似乎找到了可以做點什麼事的理由，得以逃避眼前難以持續生活的動力。

世界如此大，
不如就一直走下去吧

前言　夢想遣返回台——002

愛爾蘭

英國奶奶遺忘前的問候——012
庶民文化看見世界——022
德國媽媽的晚茶時間——030
犧牲者——042
三個男人與十九世紀公寓——056
皮繩上的魂——074
學習的理由——082
每天睜開眼，就想成為一位藝術家——094
圖書館員的最後一天——102

英國

世界這麼大，接著走就對了——110

北愛爾蘭畫家的一句話——118

麥金塔許教派——130

媽媽的距離——143

世界是我的牡蠣——158

丹麥 瑞典 芬蘭

自行車的異想之路——166

搭便車的漫長等待——174

IKEA、肉桂卷，原來還有這些——188

抬起頭就能看見信仰——198

生命沒有年齡——214

後記——230

英國奶奶遺忘前的問候

選擇到愛爾蘭打工度假，除了對這個國家一無所知，激起我強烈好奇心的另一個原因，則是國土面積雖然多了台灣一倍，人口卻只有台灣的五分之一，對於終日生活在大台北地區的我，總想嘗嘗在人口稀少的環境裡生活是什麼滋味。

愛爾蘭首都都柏林（Dublin），是訂機票前特地上網確認得到的答案，就連國土東西南北都搞不清楚的情況下，決定了我第一站落腳的地方。出國前馬拉松式的聚會，像是每次遠行固定舉行的儀式，酒酣耳熱之際，總免不了被人誤以為我要去英國。雖然不至於搞不清楚自己要去哪個國家，仍心存懷疑英國和愛爾蘭之間到底發生什麼事，才會讓一票朋友不斷混淆兩個國家的國土分界。

愛爾蘭自一九二二年正式脫離英格蘭長達七百五十年的統治，宣布擁有自治權。統治期間，英格蘭加以阻撓雙方文化及血統的融合，經過多方努力，歷經二十七年，一九四九年愛爾蘭正式宣布獨立，迄今建國不到百年。那一票盲目送行的友人會將兩個國家就此混淆，倒也不是沒有原因。台灣建國也不過一百多年，從一六二四年至一九九六年間先後被荷蘭、西班牙、中國、日本佔領和統治

愛爾蘭國土面積雖然多了台灣一倍，人口卻只有台灣的五分之一

愛爾蘭自一九二二年正式脫離英格蘭長達七百五十年的統治

過，時間長達三百二十七年。長期集結歐亞兩洲的歷史文化，難怪來自世界各地的外國朋友，老覺得在台灣看到自己國家的影子。

為了節省旅費，在網站上過濾出最便宜卻最耗時的航班，從台灣到都柏林，轉機兩次，共耗費三十個小時。第一晚落腳在一棟一百五十年的修道院所改建的都柏林國際青年旅舍（Dublin International YHA），收費太貴大概不符合信仰的旨意，住房價格出乎意料的便宜，十歐圓（台幣約四百圓）。教堂保留宗教色彩的彩繪玻璃窗，現在則是背包客的用餐地點，每天早晨玻璃窗下映照出色彩繽紛的陽光，灑落在木質餐桌上，心情特別愉悅。青年旅舍每日提供吐司、果醬、麥片、果汁、咖啡，任你享用。初到愛爾蘭，打破歐洲貴氣逼人的迷思，原來便宜並非沒好貨。

台灣的國土面積約為愛爾蘭的一半，同屬海島型國家，愛爾蘭雖然極少有滂沱大雨的降雨情況，但是每日溫吞的灑水、放晴，正好對比台灣的熱情，愛爾蘭的含蓄。對旅行的人來說，還不如來一場短暫的傾盆大雨，換來長時間的好天氣，還來得乾脆一點。

都柏林的交通就像住在大台北地區一樣便利，即使要到偏遠一點的郊區、海港，只要查好都柏林當地的火車DART（Dublin Area Rapid Transport）每日最早及最晚的班次，時間絕對都能掌握得剛剛好，但若是碰上預定的火車更改時間，站務人員雖然會盡責的將時刻表換上，卻不會主動提醒乘客接下來的班次已全面更新。

原定搭乘最後一班車從威克洛（Wicklow）回到都柏林，渾然不知早在三十分鐘前火車早已悄悄離開了月台，而我還傻傻的站在月台上枯等，兩小時後才焦慮的思索，今晚不知能否在距離都柏林市區約一小時車程的小鎮上找到落腳的地方。焦慮的同時，空蕩蕩的月台終於出現一對年約七十歲的老夫婦，奈德（Ned）和珍妮（Jeannie）。奈德看起來身體很硬朗，不斷在月台上瞻前顧後，似乎想確認今晚火車更改的班次是否如期出現，手裡拿著一包洋芋片直往嘴裡塞，像個小男孩；珍妮見到月台上的長凳，頂不住身體的疲累坐了下來。我急忙步上天橋到月台

愛爾蘭經常下雨，氣候濕潤，一大片綠油油的牧場比比皆是

的另一端，急忙向奈德詢問火車班次誤點的原因，才頓時解開這兩小時的疑惑，下一班車將在半小時候抵達。珍妮見到我，邀請我坐她身旁，問我要不要來點餅乾、糖果，歷經兩小時的等待，我早已飢腸轆轆，客氣地向她要了些餅乾充飢。

奈德的童年在愛爾蘭的郊區威克洛度過，長大後到英國念書、工作，認識了身旁這位英國女士，從此定居英格蘭南邊，漫長的退休生活，一有空就帶著珍妮回自己家鄉走走。

奈德好奇我才剛到愛爾蘭，怎麼就來到這座默默無名的小鎮。會造訪威克洛，純粹是自己腦袋太過放鬆的後果。從都柏林市區搭火車到威克洛約一小時，沿著愛爾蘭海峽（Irish Sea）一路往南行駛，窗外波光粼粼的海面散發勾人魅力，一時錯過在原本預定的地點下車，成就了這場美麗的錯誤。走出威克洛車站，外觀極為簡陋，看起來和一般住家的大門口沒兩樣，閱票機的設置就像是多餘的裝飾品，步出月台幾乎就是車站入口。原本興趣缺缺的我，以為踩到地雷，沒想到越往湖邊的方向走，景色越來越引人入勝，前方的山坡，佈滿清一色的灰頂白屋，卻也不顯雜亂無章，小橋、流水、幾艘小船划過，點綴其中，隱隱透露著靜謐的氛圍。奈德很驕傲的告訴我，愛爾蘭人幫威克洛取了一個很美的名字叫「愛爾蘭的花園」，我點頭大表贊同。這裡有不同層次的綠，彰顯出鄉間豐富的自然景觀，搭配清澈的水藍色天空和湖泊，這兩種顏色是大自然送給人類最好的視覺享受，也是威克洛居民最珍貴的資產。

果然沒多久火車就來了，我們相識而笑，趕緊搭上末班車回都柏林市區。和奈德的愛爾蘭口音相比，珍妮有著更為濃厚的英國口音，聽起來頗為吃力。我很努力的從片段的文字中組織她想對我傳達的意思。

「很高興可以在這裡認識你，如果你到英格蘭旅行，可以順道來拜訪我們，雖然到時候我不一定能記得你。」珍妮很慈祥的對著我說。

「她患有阿茲海默症（Alzheimer's Disease）。」奈德為她補充。

我愣了許久，一時不知如何回話。

「雖然你可能不會記得我是誰，但至少在這趟旅程中，你們給了我溫暖，我會一直記得你們。」我真心的說著。

珍妮給了我一個微笑，問我還需不需要來點餅乾或甜食。

二十八歲開始獨自旅行後，漸漸從旅途中理解過去從未思考過的問題。以往總是跟著父母親到世界各國旅行，行前說明會帶領我們預先進行一場紙上旅行，預計停留的飯店、景點參考圖、用餐的菜單，甚至離台前會購買的紀念品，在跨出國門前毫無驚喜的呈現在你眼前。我厭倦了像是確認清單的旅遊行程規劃，尤其當我打算往後再也不願透過旅行社的安排，寧可搭錯車、走錯路，甚至到了當地才四處詢問景點相關資訊，也不願搶先一步讓旅行社事先爆雷，剝奪旅行當下應有的樂趣。如果總是在等待別人的答案，才能安心去走別人走過的路，那人生是不是就如同旅行一樣會失去很多樂趣。

因為一連串的意外行程，不小心走進了愛爾蘭最美麗的「花園」，臨時更動的火車時刻，讓我遇見這對英國夫婦，走進珍妮遺忘前的世界，不管她記不記得我，這份溫暖的記憶將永遠留在我心中。

初到都柏林見到一大片曠野，心情頓時開闊

庶民文化
看見世界

打從開始旅行，青年旅館就成為我每晚既期待又怕受傷害的行程重點之一。房間的居住品質雖然可從每晚的住宿價格高低判斷好壞，但是難保同寢室的室友也能如同你繳出的住房費用，回饋你等值的對待，鼾聲雷動的打呼聲，影響的不只是睡眠品質，隔日精神不濟恐怕才是每晚噩夢的開始。這一晚，推門進來的室友，蓬頭垢面、身上散發出陣陣惡臭，無奈床位已滿，無法如願換房，就算申訴有理，也只能對著敞開的窗外大口呼氣。

青年旅館即便隱藏著未知的地雷，仍是我出國短居的首選，能反映出該國城市的文化及特色，與來自世界各地的過客短暫交會，這兩者才是我著迷於穿梭城市巷弄間，尋找那些不起眼的公寓、大樓、教堂、平房改建成青年旅館的原因。

一九一二年，第一間青年旅館在德國阿爾特納（Altena）發跡。由一名德國教師將一座廢棄古堡改建而成。青年旅館所有空間和物品都是以分享概念作出發，共用房間、衛浴、廚房、交誼廳、電腦、書籍，共用水杯、鍋碗瓢盆、調味料、橄欖油，共用罐裝洗髮精、沐浴乳、洗面乳。沒有青年旅館住宿經驗的人，聽到以上的共用條款，大概寧可選擇昂貴的旅館，繼續堅守旅行原則。青年旅館除了傳達共用的概念，也包含共享。

抵達青年旅館第一天，和室友費德里克（Federico）一見如故，成了最契合的旅伴。費德里克來自西班牙，是一名國小體育老師，每年趁著學校放暑假，選擇鄰近的歐洲國家旅行，度過漫長的假期。

今晚我和費德里克終於趕在晚餐時間回到青年旅館，準備在都柏林待上三個月的義大利室友尼古拉（Nicola），總算盼到我們老早向他預約的義大利料理課程。看著桌上擺著一瓶高級橄欖油、又紅又大的牛番茄、義大利直麵條（Spaghetti），納悶之餘，畢恭畢敬的請教廚師今晚是否遺漏了什麼食材，試圖連結台灣琳琅滿目的義大利麵口味印象，也為在場食量驚人的費德里克爭取一點高熱量的福利。認識費德里克這三天的印象中，他的嘴巴似乎從沒停過，如果和體育老師這份職業聯想在一起，或許就合理多了。

廚師尼古拉微微抬起下巴，雙手一攤，眼前就是我們今晚料理課的所有食材。沒等到我和費德里克抗議今晚食材似乎過於單調，尼古拉俐落的剖開一排鮮紅的牛番茄，切成丁狀放入平底鍋翻炒至濃稠狀，這道料理已完成一半。這一個步驟，約莫過了三十分鐘。

番茄義大利麵是義大利人最常烹調的種類，他們品嘗的是麵條的口感、橄欖油的質地、番茄的鮮味。義大利人品嘗義大利麵的標準若放在台灣，肯定不會像現在一樣被發揚光大。這讓我想起一位定居台灣五年的義大利籍朋友曾經對我說，他從來不敢嘗試台灣的義大利麵，因為食材太多，端上桌後，實在無法分辨是台式炒麵，或只是把台灣的油麵置換成義大利麵。

番茄義大利麵上桌，濃稠的淡紅色醬汁裹著麵體，這是我看過最純粹的義大利麵。尼古拉請我和費德里克先嘗一口，果真沒讓我們失望。番茄、麵條、橄欖油結合在一起，沒有多餘的食材干擾彼此。這道料理意外成為我往後旅途中最常下廚的首選。

一百五十年的修道院改建成青年旅舍

即便青年旅舍隱藏著未知的地雷，仍是我出國短居的首選

晚餐過後，我們三人轉往歐康諾街（O'Connell Street），這是都柏林市區最主要的街道，連結利菲河（River Liffey），來到了世界著名的坦普爾酒吧（Temple Bar），許多飯店和青年旅館都距離這兒不遠。坦普爾酒吧不是一間酒吧的名稱，而是聚集許多餐廳、酒吧、藝廊的藝術街區，而這條街最暢銷的愛爾蘭啤酒品牌莫過於健力士（Guinness）啤酒，愛爾蘭人誇耀全世界一天要喝掉九百萬杯，雖然不知這個數據的準確性，但不只是愛爾蘭人每天把這款啤酒當水喝，健力士在世界各地確實也受到不少愛戴。

健力士堪稱是愛爾蘭「國寶級」的代名詞。不僅愛爾蘭人沈浸在上層濃郁泡沫中帶點苦澀的黑啤酒裡，在台灣的超市或酒吧也都垂手可得。斗大的品牌上佇立著一座金色的豎琴，這是呼應愛爾蘭國徽上的圖樣，健力士的豎琴朝右，國徽的豎琴朝左。傳統愛爾蘭人喜愛用豎琴演奏，樂音代表寧靜與和平。如同他們歷經七百五十年追求自由的象徵。

走在鋪滿鵝卵石的街道上，不時看見來回穿梭的三輪車伕，賣力載著來自世界各地的遊客，往來周圍旅館和酒吧之間。三輪車伕靠著雙腳就賺進全世界的鈔票，既環保又安全。這樣的情景讓我想到日據時代的台灣。一八九五年日本接管台灣，日本官員前往北投視察，發現北投擁有豐富的溫泉，因而將日本泡湯文化引進台灣。光是洗溫泉，少了消費能力，一位腦筋動得快的日本人開設全台第一家溫泉旅館，天狗庵旅舍於是誕生，漸漸許多溫泉旅館如雨後春筍般在北投冒出，結合台灣南管、日本三味線的音樂元素，成為現在台灣人依舊耳熟能詳的「那卡西」樂風。那卡西是日語中流動走唱的意思。走唱歌手為了能在各家溫泉旅館多唱幾場，三輪車的接送服務成為在夜晚中趕場的代步工具。趕場「服務」的還有被指名接待沐浴的女侍應生，多半接待當時收入較高的男性公務員。美國《時代週刊》（TIME）曾以「北投溫柔鄉」讓台灣與此有了連結，這是當時日據時期商人推波助瀾下的文化產物，儘管後來被指為不甚光彩，卻也帶動了現今北投一帶的溫泉景點，時至今日，仍然保存日治時代的溫泉產物，成為各國觀光客相繼造訪的地方。

眼看時間早已過了午夜多時，體運老師費德里克依舊精力旺盛跟著紅遍全球的韓國舞曲〈江南 style〉擺動身軀，絲毫沒有退場的意願。每個國家在國際上的印象，儘管有好有壞，往往從庶民生活上就能得到最好的印證，同時流傳下來的不只是記憶，更能成為後代將其發展或轉換成各種形式的象徵。

坦普爾酒吧街區聚集許多餐廳、酒吧、藝廊

來回穿梭酒吧街區的三輪車伕，賣力載著來自世界各地的遊客

德國媽媽的晚茶時間

都柏林北邊連結的領土是北愛爾蘭（Northern Ireland），隸屬英國。我選擇往南走，科克（Cork）是我的下一站。科克在愛爾蘭的官方語言蓋爾語（Gaelic）中有沼澤的意思。英語是愛爾蘭的第二官方語言。

出發到科克之前，我打開不久前剛加入的 Servas 宿主通訊錄檔案。這是一個不屬於任何國家政府且非營利的國際互助網絡。Servas 在世界語（Esperanto）中有「服務」的意思。二次世界大戰後，許多年輕的和平主義者聚集在丹麥的一所高中裡，討論著一場和平運動。一位美國青年鮑伯畢威爾（Bob Buitweiler）提出將自家環境提供給來自世界各地人們居住的構想，藉此讓各國人民在文化上產生交流。一九四九年，這個概念開始慢慢發酵，並且傳到世界各地。

Servas 的概念在世界各國城市進行著，主動加入遊戲規則的人，可自由選擇接待來自世界各地的旅人，或是借宿當地居民的住所。宿主通訊錄上簡短的介紹文，對即將前往住處的旅人而言，擁有預先選擇的權利。

我撥了電話給第一位宿主，接起電話的是安潔（Antje）。光看名字，我大概能猜到她不是愛爾蘭人。通訊錄上提供宿主年齡、工作背景、興趣、曾經接待的國籍，或許無法了解對方個性，單從多方線索多少能判斷對方是偏向哪一種特質。一旁語言註記：英語、德語，我知道對方來自德國；興趣：環境議題、政治、心靈療法、料理和瑜珈。猜測大概是個重視生活的自然主義者。

巴士上接連解決早餐和午餐，這一段不算短的車程，來到位於科克市中心西南邊的巴利德霍布（Ballydehob）。迎接我轉乘到住處的是安潔的男友艾伯特（Albert），一名來自波蘭的鋼琴家。接下來三十分鐘的車程，幾乎在杳無人煙的鄉間裡行進著，穿越無數個由樹幹枝葉搭起的天然拱門，一層又一層，像漩渦一樣伴隨著規律的引擎聲，突然一切慢了下來，轉進一處毫不起眼的入口。

「沒有任何門牌，你們平常收得到信嗎？」我語帶懷疑問艾伯特。

「愛爾蘭不用門牌，郵差知道每一戶人家的名字。」艾伯特似乎很同意這樣的做法。

距離巴利德霍布市中心三十分鐘的車程，我住進了人煙稀少的小村莊

安潔平日忙於老人照護工作，在鎮上幾戶人家服務將近十五年，因為長時間照護，時常處於疲憊狀態。在愛爾蘭要擁有醫療照護的資格，不是件容易的事。二十年前從德國移居到愛爾蘭，安潔努力進修醫療照護知識，說了一口流利英語的背後，德國媽媽的辛酸血淚史，在短短三個晚上的晚茶時間，道盡人生的無奈。

安潔有兩個女兒，大女兒在鄰近歐洲幾個國家進行成年以前的長途旅行，小女兒安妮（Annie）年僅十二歲，卻有超齡的氣質與「獨立」的待客之道。

第一次見到安妮，是在屋子一旁被雜草堆掩蓋的小徑裡，看著她竄了出來。我從沒注意那裡有個「神秘通道」。安妮沒跟我打過招呼，晚餐也不和我同桌，拿走盤裡的食物，隨即閃進房裡，是第一晚的見面禮。安潔看似習以為常，我也不敢表現得太過訝異。

晚茶時間，茶几旁的玻璃窗正好對著今天下午安妮走出的神秘通道，我好奇問了安潔，屋子旁的小徑通往何處。穿過小徑走向一百公尺外的另一頭，住的是安妮的爸爸，兩個女兒還年幼的時候，安潔的前夫曾慣性對她施暴，經歷長期的身心創傷，安潔終於向愛爾蘭政府申請隔離，法院宣判她擁有帶著孩子一同生活的權利，父親必須搬離住家，並且遵循遷居到距離家中鄰近的地方，孩子每週可與父親同住。關於鄰近遷居的規定，不免讓弱勢的一方膽戰心驚，安潔倒是同意這樣的做法。家庭暴力衍生來自夫妻雙方，避免讓年幼的孩子心底留下陰影，造成日後成年的創傷，在兼顧雙方給予愛的條件下，相鄰的居住地，減少孩子對「家」破裂的想像。

我認同愛爾蘭政府在降低家庭暴力傷害的原則下，堅持以家的「距離」維持孩子對父母雙方的向心力，這條小徑將持續帶著孩子直到通往成年的道路。看著父母雙方各自再度擁有伴侶，我不知道安妮一週數次往返的家，是不是依舊是心中那個永遠的家。

我開始期待第二晚和安潔的深夜對話。她像個媽媽，睡前為我說上一則故事，這是真實的故事，不是童話。

收成後吃不完的蔬果，居民會放在無人菜攤裡供人自由取用

牛仔大叔從未離開過這座小鎮，巴利德霍布對他來說就是全世界

隔日清晨。「我要去鎮上的雇主家裡工作，順便載你到鎮上走走。」安潔說。我不假思索的立刻答應了，畢竟這裡方圓幾公里外沒有任何一輛公車經過，若不趁現在搭順風車出去，我大概一整天都別想和任何一個人說上話。

經歷了昨晚意外問起安潔和前任丈夫的婚姻關係，我和安潔的關係似乎變得沒那麼生澀了。一路上宜人的田野風光，談笑間我順手開了車窗，涼涼的風吹進車內，我們的笑聲追隨著風聲迴蕩在一路奔馳而過的鄉間小路。車子緩緩停了下來，安潔下車從路邊的櫃子上挑了一些蔬菜，打開放在櫃子上的小盒子，擺了幾枚硬幣進去。

「為何賣菜的人不在這裡？」雖然我親眼看見安潔把硬幣放進盒子裡，還是提出我認為理所當然的交易行為。

「這些菜不是菜商拿出來賣的，是附近的居民家裡種的蔬菜，因為收成時無法短時間消耗，放久了蔬果又容易壞掉，這裡要到鎮上商店買東西也不方便，所以不知從什麼時候開始，這樣的買賣方式成了我們共同的默契。」

「那你怎麼知道要付多少錢？」我問。

「我想他們既然會把東西拿出來這裡讓大家自行取用，就不會在意要從中得到什麼回饋。若是你付不起任何一毛錢，他們仍然會覺得分享是一件理所當然的事。」聽了安潔這麼說，我突然覺得有點慚愧。旅途中遇見安潔，無意間讓我上了知足與分享的一課，夠用的生活哲學，從此在我生活裡扎根。

安潔讓我在看似熱鬧的鎮上下車，嚴格來說就是多了點人在路上行走而已。揮手道別，安潔轉往雇主家中打點午餐。在小鎮裡閒晃了一下午，轉進一間不起眼的雜貨店買了些點心充飢，坐在門口和打扮成西部牛仔的大叔聊天，一聊就是一個多鐘頭。牛仔大叔對我來到巴利德霍布感到好奇，因為這裡除了適合生活，其它實在不值得一提。牛仔大叔今年六十歲，從來沒有離開過這座小鎮，巴利德霍布對他來說就是全世界。聊著一路來的旅行故事，他竟然對我一路從台灣晃蕩到這個小鎮的過程感到十分有興趣。臨走前我告訴他：「如果有一天你決定開始旅行，台灣會是蠻適合第一次旅行的國家。」或許年過半百的他會因為我走出這個小鎮，開始人生第一次的旅行也說不定。

好不容易等到安潔的電話，相約在唯一人潮稍微多一點的加油站會合，開車沿著同一條路，晚上七點回到的家中，天還是亮著。我們簡單吃過晚餐後，就窩在沙發上聊天。

晚茶時間，安潔遞了一杯熱茶給我。即便是八月中旬，夜晚還是有點涼意，飯後來一杯熱茶剛剛好。安潔手裡捧著相當於一本書這麼厚的紙張，白紙上佈滿了密密麻麻的文字。低頭寫了幾行字後，安潔發現我的目光一直注視著她，抬起頭來問我想不想聽個故事。

安潔花了十五分鐘以極為流利的英語，口述這本大約已完成了三分之二的小說，當然小說也以英文撰寫。從小說的情節裡抽離出來後，我才意會到安潔的母語是德語，竟能以非母語的語言寫出幾萬字的英文小說，真心佩服。礙於作者再三告誡不得在小說出版前將書裡內容告訴任何人，我只能在這裡稍稍透露一些，這是一本心思極為細膩且帶有豐富情感的偵探小說，裡頭藏著過去這二十年來安潔移居愛爾蘭所看見的人生百態。

聽著安潔慢條斯理的讀著手中那一疊厚厚的紙張，我腦中突然浮現英國最富有的暢銷作家J.K. 羅琳（J.K. Rowling）的樣子，在她成功創作第一本《哈利波特》時也是單親媽媽。寫作是最好的自我療癒，想像可以將情緒帶到自我形塑的世界，合理化心中所有的快樂和悲傷。

午夜十二點，我躺在床上，房門空隙仍透著微微的光線，每天這個時刻是安潔和另一個時空的對話。安潔帶我體驗她的日常生活，無意間影響了我對物質的價值觀，同時我也期待在英國隔壁的小國，也有一位即將影響全世界的單親媽媽，在偵探小說的領域再造一位哈利波特。

安潔夜晚寫作時，貓咪是她最好的陪伴

安潔藉由寫作自我療癒，合理化心中所有的快樂和悲傷

犧牲者

告別巴利德霍布（Ballydehob），前往科克（Cork）市中心，車程兩小時。星期五一早，才剛踏進巴士，費德里克就傳來科克國際青年旅館（Cork International Hostel）床位即將額滿的訊息，叮嚀我立刻下訂，否則接連兩天的週末假期，一房難求的景況並不教人意外。旅行常常讓我忘了「今夕是何夕」，碰上連續假期的訂房高峰期，睡在二十四小時的速食店或是青年旅舍大廳，是窮途末路的最後選擇。

上午十點抵達青年旅館，還要等上兩小時才能進房，行李只好先寄放在櫃臺旁的小房間。包包裡只留相機、皮夾和護照，起身前往科克大學（University College Cork），距離青年旅館步行只需十分鐘。這個建議是來自兩小時前在巴士上認識的朋友，從都柏林返鄉度假，最想念的就是自己的母校，特別建議我造訪這座美麗的校園。

我特別喜歡在沒有規劃任何行程的日子裡，到所在城市的大學裡閒晃，感受校園裡的氛圍、欣賞建築的外觀、學生散發的氣息，想像一下自己若是在這所學校裡求學會是怎麼樣的心情。

我從小就不是一個愛唸書的小孩，特別是被強迫加強某幾項岌岌可危的科目，因自卑心作祟，才會主動要求媽媽把我送進補習班的深淵裡。當時認為這是一種求好的表現，事實上更加深我對學習的反感，這一切為的不是自己，而是班上老師和同學看待你的眼光。在台灣求學的經驗，差強人意的成績好像就代表沒有資格發展自己的興趣，數字高低永遠成為衡量所有事情的依據。我突然想起一件小學畢業那年發生的事。學校舉辦校外教學，所有六年級生蹲坐在偌大的操場上，等候上車，我前頭空了一個位置，班導師焦急的四處張望，因為全班都在等候這位遲到的女同學。五分鐘後，女同學氣喘吁吁往操場遠處急奔而來，為自己睡過頭遲到，連聲向大家道歉，老師沒有因為她睡過頭而責怪她，而是將過錯歸咎在一個成績名列前茅的人怎麼會遲到。這件事即便過了十幾年，每次想起都令我感到特別無奈，不知會有多少學生在這位老師的教導下有了偏差的觀念。

結束科克大學的校園巡禮，帶著中學時的記憶，同時腦中回憶著某部電影中的片段，我來到了遺留著悲傷故事的科芙（Cobh）小鎮。

科芙在科克郡南邊，從科克市區搭火車到科芙只需要半小時。一九一二年四月十日一艘名為鐵達尼號（RMS Titanic）的處女航，於英國南安普頓（Southampton）出發準備前往美國紐約，中途停靠科芙接駁愛爾蘭人上船，當時愛爾蘭鬧飢荒，大批愛爾蘭人相繼移居美國生活。輪船前往紐約途中不慎撞上冰山，四月十五日宣告船體完全沉沒於大西洋。科芙成為鐵達尼號最後離港之地。

科芙的港口規劃非常舒適怡人，草坪周圍設置長椅，我買了份炸魚薯條，面對海港看著當地人帶著孩子在港邊野餐、釣魚，這一片美好的景象背後其實藏著許多因船難而被遺留下來的故事。背對港口往前走，隨著逐漸傾斜而上的地形，港口景象逐漸被建築物遮蔽，在巷弄間穿梭了好一陣子，好不容易才找到俯瞰這片海港的角度。夕陽西下，不知不覺來到了聖柯爾曼主教座堂（St Colman's Cathedral），剛好過了遊客參觀時間，教堂大門深鎖。新歌德式的建築，始於

台灣的教育，差強人意的成績好像就代表沒有資格發展自己的興趣

一八六七年建設，直到一九一五年才完工，見證了一九一二年離港的鐵達尼號。

晚餐時間，趁著回到青年旅館前，繞到市中心的英國市場（English Market Cork），趕緊買下晚餐的食材和明天的早餐，這是我旅行途中每天必須做的一件事。

英國市場的入口和一整排商家並列，跟一般台灣隱匿在巷弄中的設置大不相同，門面的設計既古典又現代，假如高掛的招牌上沒有寫著英國市場，大概會以為是一間飯店或餐廳。密閉空間裡寬敞、明亮、挑高，是第一眼的印象。販賣的食材其實和一般逛歐洲市場的樣式差不多，以生鮮肉品、海鮮、熟食、蔬果為主，充斥大量生食的空間，竟然沒有任何食物的腥味散出。站在市場中央仰頭環繞四周，是一間咖啡廳，名為農場大門咖啡（The Farmgate Café），低矮的護欄圍著市場二樓成一四角形，客人座位的角度剛好可以俯瞰一樓整座市場，原來看人家買菜也可以是一幅漂亮的風景。

我抓緊剩餘的一點點時間，趁著市場關門前上去喝杯咖啡，將這幅「市場風景」收進相機裡。因為這裡上午九點營業，到了傍晚五點就陸續收攤。原來咖啡廳不止賣咖啡，也賣一些愛爾蘭的傳統餐點，服務生告訴我這裡的食材都是取自一樓的攤販。這真是一個聰明又便利的做法，對於吃到的食物，好像也變得特別安心。用喝一杯咖啡的時間，俯瞰市場裡收攤的情景，喧鬧歸於平靜。

當晚我沒有在咖啡廳用餐，因為我想和一群「聯合國人」一起煮菜。我特別喜歡在晚餐的尖峰時刻進入手忙腳亂的廚房裡，來自世界各地的背包客會用當地最簡單的食材，靠著廚房裡有限的烹飪工具，端出自己國家最道地的料理。

一進到廚房，總算喜見在都伯林就分道揚鑣的費德里克。每個背包客都是獨來獨往，卻會在意外的時刻，交通便捷的青年旅館裡再次遇見彼此。每一次的道別，我們都做好了一輩子不會再見面的心理準備，當有機會再次遇見，都是打從心底高興的。兄弟倆喜相逢，各自拿出今晚「菜籃」裡的戰利品，他有大塊牛肉，我有花椰菜、馬鈴薯、蘑菇，菜單立刻變得豐富，主菜馬鈴薯燉牛肉，一旁擺上

鐵達尼號準備前往美國紐約，中途停靠科芙港口接駁愛爾蘭人

聖柯爾曼主教座堂見證了一九一二年離港的鐵達尼號

來自世界各地的過客，在青年旅舍餐桌上分享旅途中的故事

三個男人與十九世紀公寓

開始覺得旅行沒有太多非去不可的景點，很多時候是在路邊觀察微不足道的景象。我喜歡這種像旅行又像生活的方式遊走各地。轉往高威（Galway），位在愛爾蘭的西邊，是個靠海的城市。靠海的地方總是吸引我。海的寬闊、海的聲音，任何關於海的一切，都讓我不自覺心曠神怡。

夏季的高威是座年輕人喜歡停留的城市，在高威當地的青年旅館，想要搶得一席床位，除非有人臨時取消訂房，否則永遠輪不到我這種臨時起意訂房的旅客。一旁從美國來到愛爾蘭就讀設計學院的十九歲男孩，聽到我和櫃臺服務人員的對話，很擔心我就此露宿街頭，拉著我進到餐廳，開始一間一間幫我在網路上搜尋可能釋出的床位，依舊徒勞無功。

住宿接待的信件回覆總在你打算放棄時，忽然出現。尋找每一晚的住所，既緊張又刺激，我特別享受在每一個流落街頭的時刻，突然出現的一道曙光。在我和美國男孩都打算放棄時，收到了住在高威市中心的美籍印度裔宿主來信，當下欣喜若狂。連忙道別外加道謝為了我的人生安全而憂心不已的美國男孩，假如他

在愛爾蘭常常會看到有人獨自站在河裡釣魚，是夏季熱門的休閒活動

能將憐憫的心放入未來設計作品中，想必能為世界帶來不一樣的視野。

尋著Google Map終於找到了宿主的住處。仰頭看著三層樓高的公寓，古典的建築外觀在夕陽餘暉點綴下顯得特別迷人。十九世紀中期落成的一間修道院，後來改建為居住型的公寓，裡頭仍然保留十九世紀的信箱，建物中央環狀的木質階梯鋪著深藍色的厚地毯，不只美觀，如此貼心的設計，是為了讓踩踏在地板上發出的聲響降到最低。

看著信件裡層層通關的密碼指示，順利來到宿主住家門前，門板上鑲著簡潔的金色字體，上頭寫著畢傑（Brij），這才確認沒走錯路。長廊上有四戶，門板上都鑲著統一的字體，住戶的名字一目了然，取代了門牌號碼的疏離感。

按下門鈴，打開門迎接我的是一位年約四十歲的中年男子，跟我想像的印度裔臉孔不太一樣，隨後我腦中合理的臉孔長相，才從這位美國人身後蹦了出來。畢傑熱情的主動和我握手，並介紹身旁的保羅（Paul）給我認識。

畢傑的家裡井然有序，一塵不染，家中是美國鄉村風格為主的大地色系，擺飾使用許多印度的元素加以點綴，牆上懸掛的臉譜、圖騰，置物架上的佛像，放置毛毯的竹籃，完全展現兩人國籍和生活背景的不同。很難想像這是兩個大男人居住的環境。

保羅就像家中的另一個主人，領我到客房，簡單介紹一下家中的格局，就讓我一個人待在房裡稍作整理。不讓客人在一見面的時候就花太多時間與接待者寒暄，而是把時間留給客人慢慢適應環境，顯然他們時常接待各路旅人，才能讓一路舟車勞頓的我喘口氣，用最放鬆的狀態開始第一晚的相處。

一走出房門，就聞到陣陣的香味，這才見到家中廚房的「大陣仗」。畢傑的廚房如同料理節目裡精心陳設過的場景，精緻的鍋具、餐盤，各類印度香料、食譜書一應俱全，就連作菜時的燈光都特別講究。今晚的主廚是保羅，為了符合畢傑的口味，一開始不吃辣，如今飲食習慣漸漸變得像印度人了。

我一面幫忙備料，一面對各色香料散發出的香氣讚不絕口。保羅拿出一包米，顆粒外形幾乎可以稱它為長條狀，它的名稱叫巴斯馬蒂米（Basmati Rice），產地在印度，口感非常蓬鬆，只需要沖上熱水悶個十幾分鐘便可食用，常成為畢傑和保羅餐桌上的主食。第一次嚐巴斯馬蒂米，完全感受不到一般米飯的黏稠與嚼勁，反而像炒過頭粒粒分明的炒飯，頓時以為幾乎忘了米飯該有的口感，畢竟在愛爾蘭吃的多半是馬鈴薯，實在是太想念米飯的味道，當晚一連扒了兩碗飯。

今晚的用餐氣氛特別愉悅，畢傑索性開了一瓶白酒，暢談他曾造訪台灣的經驗。畢傑是一名頗富聲望的生物學研究專家，時常受邀世界各地分享專業領域的經驗，多年前造訪台灣，在台北某大學分享學術經驗。印象中的台灣，他說出了幾個關鍵字：明亮、快速、藝術品。形容台灣像藝術品，我倒是第一次聽到，畢傑拿出一件玫瑰琉璃燭台，造型相當別緻。畢傑說他有個習慣，每到一個城市就會買一樣他認為當地最美的東西，挑了玫瑰琉璃，紀念短暫停留的台北城。

保羅與畢傑年齡有些差距，畢傑明顯大上他許多。晚餐過後，保羅提議到酒

酒吧中隨著越來越多樂手自發性加入樂隊，有時長達三十分鐘都不間斷

吧續攤，畢傑顯得興趣缺缺，只想在家把隔日的研究報告再看一看。

我和保羅伴著涼爽的氣候，來到一間傳統的愛爾蘭小酒吧。幾名樂手各自拿著樂器在座位上彈奏著傳統民謠旋律，過沒多久，越來越多樂手自發性加入樂隊，有時長達三十分鐘不間斷，最多有七名樂手一起表演。一整晚看得我目瞪口呆。這是愛爾蘭酒吧很普遍的表演形式，只要加入表演，店家一整晚都會提供啤酒，就當是演出的犒賞，這也是一般民眾夜晚的消遣。

經過前晚傳統愛爾蘭酒吧的洗禮，我還能準時搭上一大早的遊覽車來到莫赫懸崖（Cliffs of Moher），證明我的酒力在愛爾蘭人每晚盛情遞上一杯健力士（Guinness）的訓練下，似乎進步不少。在愛爾蘭要到一些偏遠的景點，除了自行租車，多半要參加當地的旅行團，否則只能在看山看海之餘，憂心最後一班巴士離去的時間，或是得早早結束觀光行程，走馬看花後無奈的跳上巴士。

莫赫懸崖位在克萊爾（Clare），距離高威市區開車約一個半小時，遊覽車幾乎是不間斷的載運來自世界各國的遊客，當地人也毫不意外接收各方讚嘆。莫赫懸崖是歐洲最高的懸崖，距離海平面有二百一十四公尺高，長度則有八千公尺之長。突如其來的綿綿細雨，總是不預期在愛爾蘭的旅途中出現。才剛走上懸崖邊，一片烏雲飄過，立即下了場小雨，歡迎我們這批新的遊客到來，趕緊將相機埋進背包，三十秒過後，陽光露臉，抬頭一看遠方的奧布萊恩塔（O'Brien's Tower），身旁一抹彩虹落在一旁，因為一場小雨，原本喧囂一時的遊客瞬間靜了下來，這是大自然贈予當下所有人一份平靜的禮物。我趕緊拿出相機，僅僅十秒鐘，彩虹已不見蹤影，只好將這份禮物，收在腦子裡。

奧布萊恩（Cornelius O'Brien）是愛爾蘭的一名政治家，同時也是克萊爾當地的地主，為了讓來訪的遊客有絕佳的觀景地點，以自己的名字命名建造了奧布萊恩塔。另一個說法是，據說奧布萊恩是為了一位心儀的女子所建造。走進塔內往外看，引領遊客到觀賞莫赫懸崖最佳的角度，遠方的阿倫群島（Aran Islands）若隱若現，令我心神嚮往。正好一批遊客同時離開塔內，留我一人獨守空塔，封閉的空間，眼前只剩壯闊懸崖、島嶼、海洋，思緒被短暫抽離，直到嘈雜的聲響

莫赫懸崖有二百一十四公尺高，是歐洲最高的懸崖

打斷，才將我的思緒從懸崖邊拉了回來。驚覺距離遊覽車司機叮嚀的回程時間僅剩五分鐘，只好快速奔下眼前數不盡的石階，回頭趕緊拍下這座美麗的觀景塔。

雖然最初和我信件往來的是畢傑，但多半時間他都忙於公事，回到家中總是關在房裡閱讀生物學資料，保羅似乎不想冷落我這位遠到的客人，主動邀請我到他工作的學校裡參觀。利默里克（Limerick）距離高威開車約一個半鐘頭，保羅每天不辭辛勞往返兩座城市。保羅是一名國小老師，跟著畢傑從美國移居到愛爾蘭，雖然英語同為美國和愛爾蘭的官方語言，但是愛爾蘭政府規定外籍教師進入教學體系裡，不管從事哪一方面的教學，必須學好愛爾蘭的第一官方語言蓋爾語（Gaelic）。保羅剛開始非常不能理解當地政府實行的這項語言政策，畢竟課堂上幾乎不會使用到蓋爾語和學生交談。在學習語言的過程中，他慢慢理解原始的語言不只是說的方式不同，語言的特性代表一個國家的個性，國家影響人民的發展，溝通是根本之道，學習最根本的語言能將愛爾蘭人的思維反映到每位老師的教學方法上。這是保羅花了好幾年的時間才體悟出的道理，比起畢傑，保羅更能接納、融入愛爾蘭人的生活。

如果台灣政府要求每個外籍老師來台任教都必須學會中文，台灣的外籍師資大概會馬上撤出一半。在台灣，因為拍攝工作，我時常接觸來自各國的新住民或新移民，能流利以中文對話的大約五成，如此差強人意的語言學習成果，與自身的母語有關。來自歐洲、美洲國家的人，英語多半流利，在台北生活不成問題，台灣人「愛秀」英文舉世聞名，在街頭上演你說英文我回中文的奇怪現象時有所聞。往來對象的語言能力若是與自身的母語相當，大概也很難讓外國人學習當地語言。我有一位朋友，在台北居住二十五年，是一名英國藝術家，他的創作思維、飲食、生活習慣，儼然已台灣化，唯獨語言永遠停滯不前，原因便是他的台灣太太從事英語教學工作。我不禁為這位理解台灣文化，嘗遍台灣美食的英國朋友感到可惜，英語讓他在台北過著暢行無阻的生活，卻無法複製相同的方式在台北以外的城市生存。即便英語教育落實台灣多年，學習成效卻無法成正比，台北是台灣的首都，國際化一直是歷任執政者力求的目標之一。我看見的台北是接納、複製各國文化的城市，讓世界各地來到台北的人變得不孤單。

參觀完小巧而設備完善的私立校園，佈告欄上貼著各國小朋友的照片，每個人手上拿著以羅馬拼音拼出的「你好」，原來保羅是在一間國際學校裡任教。離開學校，保羅帶我在城市裡順著河道散步。我除了喜歡靠海的城市，沿著河道散步，總讓我不覺得走路是件無聊的事。

香農河（River Shannon）是愛爾蘭最長的一條河，從北往西南幾乎貫穿整個國家，全長三百六十公里，愛爾蘭南北國土長四百五十公里。利默里克土地面積五十平方公里，人口僅約九萬人，大約是台北市面積的五分之一，台北市土地面積二百七十平方公里，人口卻足足多出三十倍之多。一個多小時與香農河散步相伴，一路上偶爾見到幾個人從旁走過，即便進入市區，也絲毫沒有鬧區的嘈雜感，整座城市的步調輕鬆緩慢。進到咖啡廳，多半是老人帶著小孩用餐，店員不疾不徐的幫客人張羅餐點，出餐的速度若是發生在台灣，大概會客訴連連。

我喜歡和人散步聊天，城市的步調和氣氛會帶領雙方進入各深一層的話題。保羅和他的同志伴侶畢傑來到愛爾蘭生活今年邁入第十年，兩人在美國相遇相戀，畢傑十年前被派到高威的大學裡工作，保羅放棄了穩定的美國教職，一路相

保羅為了伴侶放棄穩定的美國教職，一路相隨到愛爾蘭，至今邁入第十年

隨至今。他坦誠自己為畢傑改變很多，直到遇見他之後，才知道付出是一種幸福。他喜歡為畢傑下廚做各種印度料理，自己幾乎忘了美國食物的味道。兩人從不介意在外人面前展現情侶該有的親密舉動，也不避諱和人談起自己的另一半，因為相愛是一件特別自然且不需探討的事。

這是我第一次和同志伴侶相處最密切的一次，也是我第一次感覺同性之間的相處毫無特別之處。我常常和保羅在寧靜的夜晚，坐在沙發上聊天，畢傑的作息較為規律，十點鐘上床前必定過來輕握保羅的手，說聲晚安，在我看來都是一種日常愛的表現。

過去有過一位女友，我們決定在一起前，就知道她曾與女生短暫交往過，當時年僅十八歲的我，對於「不符合期待的交往關係」聽起來只覺得可笑，這是我人生中首次聽聞同性之間能發展愛情的經驗。現在回想起來，當時台灣社會對於性別認同差異的教育幾乎是零，學校、家庭絕口不提，就像是一個不可隨意碰觸的禁令。假設能將性別認同教育從小納入教材，孩子能更勇敢接受自己的不同，也能更友善接納各種愛的展現。每個孩子在長大過程中必定會碰觸到程度不等關於同性的議題，如何正常看待這些問題，父母透過家庭教育，即早將愛建立在平等與自由的觀念上，灌輸給孩子，必然不會是一個難以啟齒甚至棘手的燙手山芋，這比讀《公民與道德》，或是鼓勵孩子每天要做一件好事，寫在家庭聯絡簿上，再附贈一枚家長的簽名，證明你是個好孩子，都來得要深遠得多。

二〇一五年五月二十二日，愛爾蘭政府舉辦修憲公投，由公民自己決定是否修憲為「婚姻可由不限性別的兩人合法締結」，歷經十五個小時的投票，以百分之六十以上的投票率通過同性婚姻合法。愛爾蘭是全世界第一個以公民投票通過婚姻平權的國家，對於一個天主教國家，是何等不容易。時間退回二〇一三年，台灣首次通過「婚姻平權（含同性婚姻）草案」，同樣是婚姻的成立關係不必再侷限於男女兩性，就算是同性也能受到法律的保障。截至二〇一五年，有二十三個國家賦予同性婚姻合法的權利。在台灣，仍有許多異國同性伴侶，即便自己的國家承認和台籍伴侶的結婚關係，一旦回到台灣，婚姻關係自動解除。這也許是外國人認知的「友善台灣」對異國同性伴侶最粗魯的國際禮儀。

利默里克人口稀少，城市步調輕鬆緩慢

CHAMPION
CHAMPION
SPORTS
PRE REFIT
CLOSING DOWN
SALE
Hello Summer!
Threading - €8 (2 Areas - €14)
Eye Special - €18
(Eyebrow Shape, Eyebrow Tint, Eyelash Tint)
Wax Special - €25
(½ Leg, Bikini Line, Underarm Wax, Eyebrow Wax)
(Full Leg & Bikini - €25)
Specialised Waxing - €20
(Brazilian or Hollywood)
3 Wk Polish - €24
www.eternalbeauty.ie
More Offers Inside!
061 411246

原本喧鬧的艾爾廣場，在克蘿伊跳上繩子後，頓時靜了下來

因為拍片工作，我認識一位在台灣開設男士髮廊的二十六歲英國人丹尼爾（Daniel）。十三歲就到英國當地的髮廊學習英國傳統男士剪髮，高中畢業後進入藝術設計學院修習剪髮專業課程。他不像一般歐洲的年輕人，一到成年理當離開家裡，過著自給自足的生活，如同台灣常見的現象，丹尼爾成年之後依舊繼續住在家中。丹尼爾不是所謂的啃老族，住在家中只是為了省下多餘的生活開銷，同時連續四年在英國的髮廊從事全職的剪髮工作，將所賺來的錢花在一張限期一年的環遊世界機票上，一萬英磅，相當於五十萬台幣，二十歲離開英國至今六年。旅行途中帶著剪髮工具四處幫人義剪，機票期限到期，仍繼續旅行，窮到住不起旅館，只好搭帳篷睡路邊。年僅十三歲的孩子，早已明白剪髮是一生的志業，專心做一件事，讓他換來意想不到的可能。

我和克蘿伊邊走邊聊，來到四天前抵達的高威車站，緊鄰的艾爾廣場（Eyer Square），是我唯一知道有大型樹幹的公園。

艾爾廣場因為美國總統約翰甘迺迪（John Fitzgerald Kennedy）於一九六三

年任內期間在此演講，因此又稱約翰甘迺迪紀念公園（John F. Kennedy Memorial Park）。廣場開闊、舒適，草坪、人行道、車道空間距離區隔得宜。幾層階梯高起，噴水池中央的大型藝術品佇立於此，地標顯目。旅遊資訊詢問處就設在這座小而精美的廣場內。

克蘿伊走進草坪中央，喜出望外，連忙眼神掃射樹幹間距，絕佳的練習場地。拿出專業的走繩工具，繩索極具彈性，需耗費相當大的力氣將繩索繫上樹幹，繩索需距離地面一定高度，不至踩上去腳板碰地。我在一旁看著克蘿伊熟練的做著準備工作。五分鐘後，終於站上繩索，克蘿伊眼神突然變得專注，直視前方，雙臂張開，緩慢調整重心，瞬間站起，一步一步走在僅約兩公分的繩子上。一分鐘前人來人往的廣場步道上，隨著克蘿伊專注在繩子上行走，周遭的聲音頓時靜了下來，行人腳步放慢，佇足觀看。

一名手拿三顆彩色塑膠球的雜耍員，主動要求加入走繩的行列，塑膠球拋向空中，要求克蘿伊加碼演出，果然沒兩步就從繩子上跌下來。雜耍員靠著街頭賣藝在愛爾蘭旅行了一陣子，遇到「同行」，不免互相傳授街頭賣藝的絕活。克蘿伊雖不賣藝，卻因此結交許多首次嘗試走繩初體驗的朋友。雜耍員手感平衡極佳，躍上兩公分寬的繩子，搖搖晃晃的刺激感，成了瘋狂大笑不止的「瘋子」，笑聲其大無比，感染在場觀看的民眾，光是一個走繩的反應，讓他贏得滿場笑聲回應。

雜耍員笑到無力，只好接棒給下一位即將登場的「小丑」。牛仔帽父子檔，爸爸鼓勵五歲的兒子上前挑戰，克蘿伊牽著牛仔男孩，一步一步走完全程，男孩毫無畏懼，笑容滿面，贏得牛仔老爸的讚賞。在一旁等候許久的瑜伽老師，挺直腰桿，平衡感極佳，過程仍是笑到瘋掉。原來走繩運動不僅訓練你的專注力，還有解憂愁的功效，心情不好的時候，不如練習走繩，娛樂自己，也娛樂別人。這條皮繩不知道有什麼魔力，我在一旁也笑到無力，差點忘了和宿主的約定時間，匆匆道別克蘿伊。步出廣場前，回頭再看一眼，一條繩子就讓一群人發自內心的歡笑，這大概是克蘿伊始料未及的。

斯皮德爾是一處鄰近高威海峽的小鎮

學習的理由

傍晚，巴士沿著高威海峽（Galway Bay）平行前進，轉頭望向海的另一邊，閃爍的摩天輪，像是引領我進入遊樂園。

伊蓮娜（Elena）牽著三歲的婕妹（Jemma）早已等在家門口。婕妹絲毫不怕生，開心的向我招招手。伊蓮娜來自義大利，十年前嫁給霍肯（Hogan），先生是愛爾蘭人，是一對年輕的異國夫妻。

伊蓮娜提供的住宿空間是兩個孩子的遊戲間，房間裡有積木、迷你木馬，還有成堆彩繪過的鵝卵石，排列在窗邊。我真的住進遊樂園了。伊蓮娜留我在房間整理行李，房門沒關，凱哥（Kye）闖了進來。凱哥是伊蓮娜和霍肯的八歲兒子，有雙靈動的大眼，是個活潑外向的男孩，第一眼見到他就特別投緣。

準備晚餐，伊蓮娜讓凱哥在廚房裡幫忙，煮湯、切菜樣樣來，似乎很放心將整個廚房交給這個年僅八歲的男孩。簡單美味的晚餐備妥，端上桌，霍肯正好抵達家門，趕上接待我的第一頓晚餐。

「學校有教你們煮菜嗎？」我對凱哥說。

「我是 Home Student（在家自學的學生）。」凱哥很自然的回我。

「Home Student 是什麼？」這兩個單字拼起來好像有另一種意思。

「我沒有去學校上課，所有的課程都是在家裡或戶外學習。」伊蓮娜帶著笑容聽凱哥解釋。

「一開始我們並沒有打算讓凱哥在家自學（Homeschooling），當他進入適學年齡，我開始研究愛爾蘭政府提供的教育課程，有些課程我不認為都適合他，就決定自己在家裡教，同時我也可以照顧婕妹。」伊蓮娜補充說著。

「在家自學的教育方式在愛爾蘭很普遍嗎？」我問。

「一九三七年愛爾蘭就以憲法保障在家教育子女的自由，目前經過合格申請在家學習的家庭將近一萬多人。」伊蓮娜說。

「在家自學很多國家都有立法。提出申請後，愛爾蘭政府會定期到家裡觀察孩子學習的情況，凱哥必須經過定期的考試，以確保他學習足夠的基本知識，同時父母需要回報子女的學習狀況，但是教育方式可由父母安排，沒有硬性規定。」霍肯接著說。

巴士沿著高威海峽平行前進，閃爍的摩天輪，引領我進入下一個遊樂園

WILD MOUSE

「以後婕妹也會在家學習嗎？」我問。

「她現在還太小，我沒辦法代替她決定是不是要到學校上課，或是和哥哥一樣在家學習。」伊蓮娜說：「我們也問過凱哥在家學習的意願，這也是他自己的選擇，過幾年或許他想到學校上課，我們還是會讓他去。」

「你會不會擔心他長大之後有社交障礙？」我說。

「我們會和參與在家學習的家庭密切往來，學習環境就在彼此的家中，這些孩子可以玩在一起，雖然他們的年齡有差距，在相處過程中孩子會提早適應外來的環境，變得早熟或懂得如何照顧別人。」伊蓮娜說。

「接待來自世界各地的訪客和我們住在一起，也是另一種在家學習的方式。這比同年齡的孩子更早和世界接軌，聽這些來來去去的訪客說著遊歷世界的故事，有時比書本上的教材還來得有趣多了。」伊蓮娜補充著。

我聽了眼睛發亮，想像自己兒時如果接受這樣的教育方式，或許對於人生許多看法將會有所不同。

晚上就寢前特別上網查了一下台灣在家自學的資料。民國八十八年，台灣

「國民教育法」就允許在家自學，這是針對國小到國中階段在家自學的申請，申請人數已突破兩千五百人（截至一百零四年）。民國九十二年新增高中教育在家自學規定，十二年來申請人數也約二千五百人。

台灣的教育改革，看似想要緩和學生的升學壓力，反而提出許多未見成熟的改革方針，長期建構考試分數越高就離明星學校越近的觀念，依舊深植在每個父母的心中，仍然覺得提升孩子的排名比真正學習到東西似乎更為重要。比照各國在家自學的人數比例，台灣的數字明顯低於其他各國。期待台灣的教育能拋棄比較之下帶來的光環，傾聽孩子真正想學習的聲音，才不會持續讓我們的下一代永遠活在別人的期許之中，觀念的改變不會是一夕之間，或許幾十年後台灣的孩子，能夠實現如同凱哥擁有決定自己在家自學，或是走進學校如此獨立自主的思考。

伊蓮娜的住處靠海，海邊自然成了兩個孩子最寬闊的教室。涼爽的午後，凱哥揹著釣具邀請我加入他們今日的戶外課程。伊蓮娜提醒凱哥潮汐時間，叮嚀自身安全，就讓他獨自一人踏著岩岸到水深一點的區域釣魚。婕妹忙著在沙灘堆著搖搖欲墜的城堡。

伊蓮娜想起第一次和凱哥的戶外課程就在同一個海邊。幫凱哥綁好鉤針，讓他在一旁練習拋繩動作，興奮不已的凱哥竟將釣魚鉤拋進伊蓮娜嘴裡，最後還是凱哥幫忙取出，否則後果可能不堪設想。我開玩笑說，難怪伊蓮娜要將凱哥支開到前方的海域去，伊蓮娜笑著回憶這段過往。父母參與孩子學習的過程雖然有些混亂，卻是最珍貴的學習記憶。

看著海水漸漸往岸上逼近，我踏著岩石去和凱哥會合。凱哥似乎釣到了一條大魚，奮力轉動捲線器，面目猙獰，釣竿彈起，看來是勾到不明物體，釣魚線只剩一小截掛在釣竿尾端，其餘連同釣魚鉤都斷在海裡。凱哥緊握雙拳，氣憤不已，我想他是氣自己判斷錯誤，誤把岩石當成肥魚，蹲下看著心愛的釣竿，眼淚滴了下來，宣告今天的課程沒有達到目標。我拍拍他的肩膀，讚美他的拋繩動作一百分，小小的讚美讓八歲男孩重拾信心，露出缺了兩顆門牙的笑容。

我非常好奇霍肯從事的是哪一個領域的工作，除了借宿的第一晚與他碰到面，接連兩天都是在就寢前才聽見大門開啟。今天總算遇見他提早回家，悠閒待在家中，等待我們帶著滿腳泥沙從海邊歸來。

霍肯在愛爾蘭的公家機關裡擔任社工，負責協助遊民的工作。愛爾蘭非常重視遊民的問題，免費提供社會住宅安置遊民，每個月固定的津貼補助，比起靠著打工維生的平民百姓，遊民有時領的補助還比較多。遊民後代的教育問題，愛爾蘭政府也一手包辦，直到孩子滿十八歲之前都可接受教育津貼。愛爾蘭加入歐盟會員國之後，反而成了東歐國家遊民的天堂，只要在愛爾蘭註冊身份，就符合申請失業補助金的標準。

霍肯希望獲得我在台灣觀察到遊民生活現象的資訊，我提供過去參與遊民拍攝議題的經驗。當時片面得知是一個關於愛心傳遞的題材，我必須找出一連串的人物凸顯愛如何被傳遞，苦思許久，決定從陌生的遊民角度切入。艋舺公園位於台北萬華龍山寺前，是遊民聚集最為人所知的地方，距離我的生活環境相距不遠。第一次田野調查遊民背景，是經由一處剛脫離政府補助的私人機構，因為台灣對於遊民管理諸多限制，促使該機構決定靠著自己的力量協助遊民重返社會。該機構的負責人劉大哥自行發展出一套完整的規劃，首先在山裡買下一塊貧瘠的土地，建造遊民共同的家園，讓遊民習慣團體生活，不再離群索居；開墾土地，將貧瘠的土壤改造可種植香草類植物，訓練遊民照護的能力，結合烘培技術，變身香草餅乾，廣納外界訂單，也成為機構部分收入來源；開設便當店，給予遊民重返社會後一份穩定的工作，降低離開團體生活的不適感，避免讓遊民再度重回街頭。

劉大哥主張長期培養工作能力，讓遊民靠著自己的雙手過活，才能肯定自我價值，擁有存活在社會的自尊心。特別的是，劉大哥長期和遊民相處，發現了隱藏在多數遊民身上的特點，他們認為在街頭流浪是一種「自由」的狀態，不必過著社會給予的生活框架，對他們反而是一種解脫。劉大哥想盡辦法與學校社工系合作，極力說服拒絕接受安置的遊民，帶領學生觀察他們所在的生活環境，如何利用有限的生活資源，遊民依然能生存在社會上。赤裸且殘酷的做法，在當時引來各方輿論。教育下一代需要透過高度的實驗性，才能創造出不同的思維。

霍肯很謝謝我提供看待遊民問題的新思維，同時也感慨各國政府祭出遊民補助津貼，暫時抑制了遊民因毒品、貧窮、疾病帶來源源不絕的負面影響，坦言這只是治標不治本的做法，是一條看不見盡頭的道路。原來教育這群無家可歸的「孩子」，比教育自己一雙兒女還要來得更不容易。

大海是在家自學的孩子最寬闊的教室

每天睜開眼，就想成為一位藝術家

為了節省交通費，一個鐘頭步行能到的距離我盡量不搭乘大眾交通工具，常常一整天下來，走路的時間加起來有五、六個鐘頭是很稀鬆平常的事。若剛好碰上宿主家中有自行車，即便是一台淑女車加裝了兒童座椅，我仍顧不得車體看起來有些滑稽的樣貌，迫不急待開始一整天的旅程。

沿著高威海峽滑行前進，一路上車輛稀少，就連便利商店也是好幾公里才碰到一間，這條筆直的濱海公路多半是住宅。騎了將近一個小時，沒有因為海峽景致單一而感到無趣，和煦的陽光在冷風中持續為我帶來暖意，心情極好。遠處慢慢出現好幾棟白色小屋，在太陽的照耀下顯得更加純白，我踏進了斯皮德爾藝術村（Spiddal Craft Village & Café）。

斯皮德爾藝術村起初由一名愛爾蘭的美術館負責人所發起，摩迪亞（Jesús Modia）從八十公里外來到斯皮德爾鎮上經營美術館，為許多剛創立的品牌以及新興的藝術家舉辦了一系列成功的展覽。摩迪亞深覺斯皮德爾這座城市應該建立自己的藝術資產，並且需要一個藝術村提供在地藝術家創作，同時販賣他們的藝術品，才能與外界有所共鳴。藝術村裡集結十位在地藝術家的創作空間，玻璃藝術、竹籃編織、陶藝、織品藝術、當代繪畫、攝影、陶瓷彩繪、珠寶飾品、印刷創作、混合媒材畫作，十種截然不同的藝術，在小小的聚落裡，蓄積滿滿的創作能量。

走進藝術村，外型一致的白色小屋整齊排開，偶有幾棟屋子會將外觀刷上明亮的黃色、輕盈的水藍色，或是在屋子側邊點綴圖騰或文字。十棟屋子成ㄇ字型排開，中央廣場擺上數根大型漂流木，五顏六色的長凳不規則的散落其中，稀落的人潮分散坐在長凳上聊天、發呆、看書。ㄇ字頂端深處是藝術村經營的咖啡廳，樸實的外觀，要不是我在門外探頭探腦，其實很難發現它座落於此。進到各家藝品店之前，我花了一些時間待在戶外欣賞這片屋外風景，令人愉悅的環境色調，毫無商業氣息的賣店外觀，藝術村與高威海峽僅距離約數十公尺，海峽的景致與沉靜延續到藝術村裡，沒有建商強行將面海的景色霸佔，鋪天蓋地開發一系列的景觀餐廳，海景住宅第一排的口號似乎也不受這裡居民的歡迎，這是一路踩著自行車一個多小時後突然發現到景象。

斯皮德爾集結十位藝術家在此成立藝術村

羅勃從事陶藝工作已超過四十年

從科學家到陶藝家，這一路羅勃從沒後悔過

推門走進其中一間屋子，裡頭賣的是陶藝作品，屋子裡沒有過於華麗的裝潢，簡單的櫃子裡擺放著細緻的作品，像是一個藝品收藏家擺放在家中客廳的模樣，作品中除了濃厚的手作感，還有一種說不出的樸實隱藏其中，有別以往欣賞陶藝作品的感覺。進來好一陣子，一直沒見到老闆出來招呼，轉頭望向透明玻璃後方的陶藝工作室，羅勃（Rob）穿著工作服，手上沾滿陶土，看來正在創作新的作品，無暇招呼我這位登門拜訪的觀光客。我示意想為他拍幾張照片，羅勃點頭同意，讓我進到工作室，近距離拍攝他工作時的樣子。

羅勃二十六歲時剛從大學畢業，在所學的科學領域工作了幾年，一次在印尼雅加達博物館看見一名韓國陶藝家的作品，從此讓他一頭栽進陶土的世界，至今將近四十年。當時他明白科學是自己的專長，是一份可以穩定生活的職業，也符合社會的期待，但是每天早晨睜開眼睛，第一件吸引他的事，就是那一堆黏糊糊的陶土。羅勃辭去工作，開始發展自己的陶藝創作。我第一眼所見到不同於一般陶藝作品的樸實，原來是羅勃在土堆中加入了特殊的紙質，相互混合過後，創造出有別於其他陶藝品所沒有的柔和感。我發現每一件陶藝品散發出的質感和氣質，竟然也從羅勃身上找到一些相同之處。

羅勃請我拿一張桌上的名片，希望我將照片寄給他，因為他從來沒有看過自己捏陶的樣子，想看看自己工作時是什麼模樣。離別前，羅勃得知我所學是電影，目前從事拍片工作，若有所思的說，若不是二十六歲那年自己鼓足勇氣放棄所學，堅持陶藝創作到今天，大概也沒有勇氣鼓勵自己的兒子走進電影藝術的領域，勇敢傾聽夢想的聲音。

離開羅勃的商店，突然想起在台灣認識的一位英國朋友，提姆（Tim）。提姆八歲的時候，美術老師在課堂上稱讚他畫的樹是目前見過最美的一幅畫，微小的激勵，從此讓他立志成為一位藝術家。提姆長大後如願進入藝術學院就讀，畢業之後在劇院裡擔任雕刻師和繪圖師，雖然如願在藝術的領域裡發展，但和心所嚮往的藝術家仍是背道而馳，生活與工作在平穩的狀態下起了漣漪，藉著探望在台灣工作的雙親，暫時離開箝制藝術家夢想的舒適圈。

提姆形容自己像是一隻蝴蝶，終其一生漫無目的的拍動翅膀，尋求生命養份。來到台灣有了全新的生活，遇見台灣女孩共組家庭，從事英語教學編輯工作，十五年間過著人人稱羨的優渥生活。慢慢的，安穩的生活又將提姆推回十五年前不踏實的狀態，原來心底渴望成為藝術家的八歲小男孩一直都在，當時年過四十，不顧一切放棄高薪和專業英語教師頭銜，花了一年的時間待在家裡創作，碰觸的卻是英國藝術少見的剪紙創作，原來東方藝術悄悄的對他造成了深遠影響。

提姆將十多年來在台灣觀察的現象，靠著剪紙技法，創作出多幅帶有濃厚台灣印象的剪紙作品。剪紙藝術讓已過不惑之年的提姆找回創作的初心，獨樹一格的紙雕創作，成為各國展演空間最耀眼的藝術品。提姆告訴我，現在作品所呈現的意象，其實有很多是來自兒時的夢境，關於顏色、記憶和氣味，都來自於曾經成長的地方，英國威爾斯（Wales）。

原來八歲男孩當初畫的那棵大樹一直都在，那一股安定的力量，隨時等著我們爬上大樹，遙望遠方，呼喊多年前的自己。

每個人心中都有一顆大樹，等著我們爬上去，回頭呼喊多年前的自己

圖書館員的最後一天

待在高威的最後一天，宿主伊蓮娜和幾位在家自學的家長們有場聚會，一早就帶著兩個孩子搭上霍肯上班的順風車出門，留我一人獨自顧家。這是我一路上留宿在不同宿主家中，第一次被單獨留在屋裡，彼此信任建立在短時間的相處上，人與人之間的互信，比任何事都還要來得更令人珍惜。我開始思索我是否也能毫無防備的信任僅僅相識三天的陌生人。

旅行到此即將滿一個月，意外擁有獨處的機會。過去一個月選住的都是六人或八人一房的青年旅館，偶爾幸運從網路遇上願意提供免費住宿的當地人，不管身處在任何空間，除了睡覺以外，獨自擁有完整空間和時間的機會實屬難得。這才知道我是一個多麼需要獨處空間的人。旅行之前沒有發現獨處的可貴，並非在台灣自處的機會較多而不懂珍惜。我是一名獨立接案的影像工作者，身邊沒有比鄰而居的同事，早已是常態，一整天工作下來，倒是很輕易和誰都說不上一句話，面對「獨處」，自然習以為常。

今天終於有了正當理由賴在床上直到中午，不必因為隔壁床室友為了趕清晨的飛機，忙亂整理行李擾人清夢，也不需隨著宿主的作息，在半夢半醒間匆匆忙忙跟著他們一起出門。起床簡單盥洗後，我為自己煮了一盤番茄義大利麵，沖上一杯出國前友人贈送的台灣高山茶，呼口氣，啜飲一口茶，家中除了我之外真的沒有別人，突然有點珍惜這樣寧靜的時刻。

在家中享受近半天美好的獨處時光，決定放棄今天任何的旅遊行程，到社區圖書館晃一晃。下午四點，距離圖書館閉館時間僅剩一個鐘頭，推開玻璃門，裡頭出奇的吵鬧，眼前兩名男孩的追逐戰，實在和文質彬彬的圖書館形象大相逕庭。櫃臺裡站了一位女士，臉上堆滿笑容，告訴我今天是她最後一次在此為民眾服務，派對正在進行，歡迎我加入。

瑪蓮達（Miranda）在斯皮德爾鎮上的圖書館服務了三十年，今年滿六十五歲，過去負責整理、出借、歸還書籍等行政工作，依照愛爾蘭政府的規定，已達退休年齡。瑪蓮達的先生稍長她一歲，以「學長」之姿出席太太的退休典禮。當我告訴瑪蓮達，今天是我待在高威的最後一天，也是我第一次走進斯皮德爾圖書

獨自留在宿主家中，人與人之間的互信，比任何事都還要來得更令人珍惜

圖書館員堅守崗位三十年，今日是退休前最後一天在此服務

館，瑪蓮達極為複雜的表情下透露著喜悅與不捨。我非常榮幸參與瑪蓮達工作生涯中的最後一小時，以攝影機為她錄下當下的感言，並承諾這一段影片會在不久的將來寄給她留存，就當作是一份紀念退休的禮物。

攝影機［REC］——

「再過四十五分鐘就真的宣告退休了，現在是什麼樣的感覺？」我在鏡頭後提問。

「自由。」瑪蓮達吸了一口氣，若有所思。說完後對著鏡頭笑了好久。

「這種感覺就像是每週五晚上迎接即將到來的週末假期一樣，只是週末過後我不必擔心週一出門上班前會手忙腳亂，也不必再回到熟悉的工作中。」瑪蓮達說。

「退休後最想做什麼？」我問。這個問題我曾經問過自己，但答案永遠不一樣。

「我想和我先生到處旅行，探訪在美國西雅圖的大兒子，英國曼徹斯特的二兒子，還有在愛爾蘭都柏林工作的小女兒。」瑪蓮達的思念之情溢於言表。

聽到這裡，心裡不禁有點難過，人們一生大半時間都奉獻給工作，與家人聚少離多，唯有到了年老之時，才能再重拾與孩子相處的時光。我曾經認真想過要讓自己早於六十五歲退休，難保萬一遵循政府的退休年齡政策，只會在嚥下最後一口氣的時候，感嘆工作確實佔了人生大半光景。

時間剩下十五分鐘。一名社區居民捧著鮮花特地前來探訪瑪蓮達，兩人相互擁抱。過去六年，這位居民每天前來話家常的習慣依舊不變，雖然往後無法將習慣延續，但這份情誼卻成了圖書館員和居民之間的意外收穫。也許居民們再度踏進圖書館，想念的不是在書堆裡忙著分類書籍的熟悉身影，而是想起每一次手中接過書本後短暫的問候，以及聊也聊不膩的日常生活大小事。

陪著瑪蓮達直到下班的最後一刻，即便我一本書也沒翻到，更沒享受到圖書館裡預期的寧靜，而是遇見一位六十五歲的女士，對日後退休生活的嚮往和憧憬，我想屬於她自己的人生故事才要開始。

離開圖書館，走在回程的路上，腦中不斷思考自己退休後的生活會是什麼樣子。我只希望不要以「獨處」收場，畢竟享受獨處和被迫獨處是兩種截然不同的景況。

退休後真正的自由是什麼

人們一生都奉獻給工作，嚥下最後一口氣之前，才感嘆工作佔了人生大半光景

世界這麼大，接著走就對了

巴士從西向東橫向對半穿越愛爾蘭，再度回到首都都柏林（Dublin），接著轉搭另一輛巴士，往東北方的貝爾法斯特（Belfast）前進，正式進入北愛爾蘭（Northern Ireland）。

從都柏林開車進入北愛爾蘭的國土，僅僅九十分鐘。我與一路上相遇、告別、重逢數次的費德里克，無預警在電話中斷訊，手機訊號從愛爾蘭電信公司瞬間轉換成英國，正式與他和愛爾蘭雙雙道別。微涼的九月初，學校假期結束，費德里克即將返回西班牙工作崗位，我則還在思考該繼續旅行，或是留在愛爾蘭找份工作，安安穩穩的度過一年，一路上不斷思索這個問題，依舊徒勞無功，流浪到最後總會有個答案吧。我看著斷訊的手機螢幕，為自己茫然的下一步給了看似安心的註解。

沿途拖著行李預計步行三十分鐘到前一晚下訂的青年旅館，穿越貝爾法斯特市中心，城市的氛圍比起純樸含蓄的愛爾蘭，多了成熟的韻味，建築物的線條、面貌也帶點現代化的氣息，不像愛爾蘭總保有些孩子喜愛的鮮豔色調。走了將近四十分鐘，看來是迷路了，正好遇見幾位在路邊閒聊的計程車司機，上前尋問青年旅館確切的方向，接下來短短幾十秒的回應，我竟然一句也聽不懂，只能從他熱情的手勢判斷前往的方向。貝爾法斯特市民的口音像是混合了泰語的發音，和英國人鏗鏘有力的英式英語，不禁令我擔心接下來幾天鴨子聽雷的後果，會不會因此多走上好幾公里的冤枉路。

歷經迷路和突如其來的大雨，狼狽不堪，總算抵達青年旅館，拉甘背包客（Lagan Backpackers）是位在一整排紅磚瓦樓房中的其中一戶，外觀如同一般住家沒什麼兩樣，若不是手中的門牌號碼再次提醒，全身濕透的我，大概會被認為是誤闖民宅的遊民。

向櫃臺人員繳付證件，填完基本資料，我拿出一張歐圓大鈔準備付下三晚的住房費用，卻被告知找回的錢將全數依照現在的匯率轉換成英鎊，當下才又提醒我，雙腳踏的國土不僅口音截然不同，曾經血脈相連的孿生姐妹，自一九二一年，愛爾蘭早已由一場獨立戰爭，正式揮別東北方的國土，從此一島兩國。北愛爾蘭與蘇格蘭、英格蘭、威爾斯合併為「大不列顛及北愛爾蘭聯合王國」（United Kingdom of Great Britain and Northern Ireland），簡稱 UK。

拉甘背包客原是兩層樓的住宅，經營者將住家用途轉換成招攬房客的空間。除了一樓角落做為訂房手續的櫃臺，其餘空間就跟一般住家幾無二致，就連床鋪緊密的排列方式，若非閨中密友或熟識的家人，我想很難在第一晚就能接受如此「親密」的對待。一般青年旅館安排六人到八人為一間房，仍會顧及隱私，將床位規劃成上下舖，中央留下公共空間，鮮少像拉甘背包客在雙層床位中央再填入數張單人床，似乎唯有選擇上舖，才可免除半夜轉身和隔壁床的室友四目相對的窘境。

所幸第一晚隔壁床並無人入住，到了第二晚進房時才遇見來自南韓的女室友金智秀。男女混宿的床位通常直接反映在低廉的價錢上，入住一晚十英鎊（約台幣五百元）的床位，還附上傳統英式早餐，在貝爾法斯特屈指可數。直到隔壁床舖出現新室友，被迫近距離接觸下，交談是化解尷尬最自然的互動。

愛爾蘭於一九二一年一場獨立戰爭，正式揮別北愛爾蘭國土，從此一島兩國

金智秀是一名南韓的社工，隻身來到北愛爾蘭擔任國際志工，協助社區老人照護的工作，利用兩天休假日到處旅行。閒聊之下，我們交換了觀看對方國家電視劇的經驗。改編自日本漫畫的台灣偶像劇《流星花園》，四位花美男仍是泡菜妹永遠的歐巴。台灣回饋韓國就不只是收視率上的表現了。韓式料理成為聚會難以剔除的名單之一；魚貫進入韓國旅行的人數年年攀升；販賣韓國服飾成為低成本創業者的首選。說了那麼多台灣進貢韓國文化的豐功偉業，金智秀在南韓時有所聞，她開玩笑說，希望有生之年來到台灣旅行，嘴裡吃的不是泡菜，聽到的不是滿街的台灣人說著韓文，否則大概會以為南韓悄悄併吞了台灣。原本過於親近的床鋪距離，因為台灣哈韓的話題，化解了一晚的尷尬。

在愛爾蘭的科芙小鎮，知道該地曾是鐵達尼號停靠的中繼站，而貝爾法斯特則是打造鐵達尼號這艘船的所在地，同樣因為過去這場船難事件而聲名大噪。

鐵達尼號於一九一二年沉船，一百年後，貝爾法斯特為了保留過去沉船歷史的記憶，耗時三年在當時打造鐵達尼號的造船廠旁，蓋了一座博物館，名為「鐵達尼號貝爾法斯特」（Titanic Belfast），自二〇一二年開放以來，每年有成千上萬來自世界各地的遊客造訪貝爾法斯特，到此探索沉船前飄蕩在船艙裡的嘆息、絕望與無助。

走進鐵達尼號，迎接我的是一台纜車，大約二十分鐘的航程，帶我回到一百年前處女航行駛的途中，一同和二千二百一六名乘客與工作人員隨著船身起伏，航向紐約。從船身底部出發，首先映入眼簾的是工人日以繼夜在昏暗悶熱的環境下工作，纜車緩緩上升，投影的歷史畫面夾雜工人敲打船體的刺耳聲響，身歷其境。抵達船艙，下纜車步行，櫥窗裡結合投影技術，生動呈現貴族與平民在三種船艙等級裡生活的景象。其中讓我駐足最久的展區，是一連串從一九一二年四月十四日晚間十一點四十分，一直到次日四月十五日凌晨二點二十分所發出的無線電訊號，每一通訊號清楚記載著船體的位置、氣候溫度、撞上冰山的距離、船長的命令、乘客逃生狀況，最後船尾消失於海平面的最後一刻，來自北大西洋海面的無線電訊號，最終不再發出任何聲響。

即便我腦中的電影畫面，將鐵達尼號沉船過程透過分鏡拆解，加深了與真實沉船情況更具張力的表現，仍然不敵我耳中迴蕩的每一通求救訊號來得更為真實且沉痛。聲音的想像，幾乎掩蓋掉印象中的電影畫面，關於鐵達尼號的故事，好像又有了更深一層的認識。

不知不覺從愛爾蘭跨越毫無屏障的國界來到北愛爾蘭，心境上也莫名隨之轉換了。世界如此大，不如就一直走下去吧！

北愛爾蘭開放的風氣，明顯和愛爾蘭不同

北愛爾蘭畫家的一句話

在北愛爾蘭首都貝爾法斯特，想找接待一晚的宿主，和愛爾蘭相比要困難許多，雖然只是稍微跨越緊緊相連的國界線，貝爾法斯特現代城市的氣氛還是比愛爾蘭境內的其他城市要濃厚許多，或許這是尋找宿主命中率相對降低的原因。預計離開貝爾法斯特的前兩天，一封來自市中心的回覆信件，讓我又多待上了兩晚。

隔日下午，依約前往登戈爾廣場（Donegall Square）和宿主丹尼爾（Daniel）碰面，約定時間的前五分鐘，收到一封訊息，丹尼爾的自行車在路上爆胎，正前往店家搶救，勢必耽擱一段時間。我只好在廣場裡四處閒晃，進行一場突如其來的午後觀光行程。

登戈爾廣場是市中心一處顯著的地點，貝爾法斯特市政廳就位在廣場中央，帶點灰白色系的巴洛克式建築外觀，佇立在城市中央，顯得既莊嚴又美觀。廣場內有一大片綠蔭的草地，周圍擺了幾張長椅，草地的正前方有一大面電視牆，輪流播放著球賽和重要的新聞。中午休息時間，學生三三兩兩進入廣場，躺臥在草地上分食手邊的午餐；提著公事包的上班族，手握一杯咖啡，坐在長椅上，舒服的曬著陽光；更多的人是邊走邊抬頭望向電視牆，各別走向以登戈爾廣場東、西、南、北命名的出入口。我特別喜歡在旅行的某些時刻，無意間融入居民的生活，跟著當地人的步伐，總會發現一些有別於平常的觀察。

廣場角落有一座小小的花園，石塊上刻著鐵達尼號紀念花園（Titanic Memorial Garden）。花園裡擺放了一座紀念鐵達尼號的紀念碑，上頭刻滿了罹難者的姓名，紀念碑的側邊寫著「In Memory of those who died on the 15th April 1912」（紀念在一九一二年四月十五日逝去的那些人們）。靜靜的讀著紀念碑上每個人的姓名，腦中彷彿浮現每個人在搭上船那一刻揚起的笑容。

終於等到丹尼爾出現，和他在登戈爾廣場電視牆下相見，看來剛剛遭遇小小災難的他，並沒有因此狼狽不堪。身旁跟著一位女孩，露茲（Luz）是丹尼爾的太太。他們牽著那輛被搶救回來的老舊自行車，一路帶我走回他們的住處。短短二十分鐘的路程，出現了過去和幾位宿主之間，從未有過如此愉悅談話的氣氛，好像見到許久不見的老朋友一樣。

丹尼爾和露茲是一對熱愛旅行的年輕夫妻，剛從數個國家結束長達一年半的旅行生活，返回北愛爾蘭安頓沒多久，就收到我的來信，這是他們第一次接待台灣人。顯然長途旅行後，並沒有減低他們對陌生人的探索與好奇。

丹尼爾在北愛爾蘭土生土長，從事藝術創作，擅長以炭筆繪製人像。過去一年的時間，他在非洲以換宿的方式，在一間畫室裡擔任志工，工作之餘，依然帶著炭筆深入非洲人民的生活，為當地居民畫下一張張動人的畫作。丹尼爾攤開畫作，為我介紹每一幅繪製人像時聽到的人生故事，他在對方的神情裡加入每一段故事的細節，有時無意間捕捉到過程中對方偶然露出哀傷、不捨、喜悅，或是回想一件美好事物的神情。看著丹尼爾生動描繪這些故事的當下，我若是有相同的繪畫才能，真想幫他畫下這張「旅行的表情」。露茲在廚房裡準備接待我第一晚的餐點，不時傳出笑聲，回應丹尼爾和她一同經歷的那些旅行過往。肢體語言充滿活力的丹尼爾，總是讓話少的露茲笑得合不攏嘴。

登戈爾廣場景致開闊宜人，成為市民午後休憩的熱門場所

鐵達尼號紀念花園擺放了一座紀念碑，上頭刻滿了罹難者的姓名

露茲來自阿根廷，在當地是一名教學經驗豐富的英語老師，三年前來到北愛爾蘭工作，認識一同分租公寓的丹尼爾，進而交往結婚。露茲很清楚婚後必須遷就丹尼爾，定居北愛爾蘭，返回阿根廷生活的機會微乎其微，畢竟學會西班牙語對丹尼爾來說簡直天方夜譚。婚後，露茲開始在北愛爾蘭生活，順理成章從英語老師變成西班牙語老師，她從沒想過鑽研多年取得英語教師資格，最終會因遷就另一半，必須放棄英語教職，轉而重新研究說了三十多年的西班牙語。我倒覺得露茲是幸運的，有多少外籍配偶，長年來必須面對枕邊人，說著從來和自己不相干的語言，歷經心底話無法用外來語適切表達的痛苦。露茲標準流利的英語能力，在英語系國家暢行無阻，也算是過去有效投資的收穫；更重要的是，能夠使用外籍配偶的母語完全傾訴自己心底的想法，才是跨越任何文化藩籬最重要的基礎。

「我不敢相信你旅行竟然帶了吹風機和一個大行李箱。」在充滿畫具的小房間打開厚重行李，丹尼爾語帶揶揄的對我說。

「我頭髮沒吹乾根本無法入睡。」這是個人習慣，我沒有覺得有什麼不妥。

「不然你旅行都帶些什麼？」我問。

「兩件衣服、一條褲子、一把吉他、一些陪伴旅行的書。」丹尼爾試著想多說一些，但真的只有這些了。

「我連相機都不帶，能夠記在腦中的風景，何須靠另一樣東西代替我的腦子儲存下來。」他將頭撇向我放在桌上的那台單眼相機。又刺了我一刀。

「我相信旅行會改變一個人，讓你的生活和思考方式變得更簡單。」丹尼爾說完，道聲晚安，轉身上樓。

我坐在窗邊發呆，想著剛剛丹尼爾丟下的最後一句話，一直反覆思索讓生活和思考方式變得更簡單，到底和旅行有什麼關係。在往後的旅途中，這句話慢慢發酵，成為這趟旅行影響我最深的一句話。

曾經為了籌拍加拿大打工度假紀錄片，整整一年的時間，捧著企劃書奔波在台灣公部門與私人企業間，反覆簡報拍攝內容，無非就是希望能獲得些許贊助經費，即便是一張機票，對當時幾度挫敗的我，都是一種鼓勵。面對國外贊助單位，撐著雙眼在無數個工作結束後的深夜，練習用陌生的英文詞彙簡報拍片內容，為了達成跨國合作的機會，無所不用其極，終究徒勞無功。歷經旅行，回首過往，原來夢想的路上，那雙有力的雙手，並非理所當然要拉你一把，人生的道路漫長，實踐夢想，順其自然可能是最好的方式，糾結必須達成的目標，將夢想這兩個字使得太用力，反而是讓困境雪上加霜。

旅行走到現在，正好滿一個月，心情逐漸豁然開朗，一路上無預期遇見的那些人，總是在相處中獻出人生的體會和建議。

丹尼爾和我一見如故，都是藝術大學畢業的學生，他專攻繪畫，我主修電影，同樣感興趣於各種形式的藝術。我們有聊不完的話題。丹尼爾特地空出上午的時間，帶我走一趟城市觀光。第一站「和平線」（Peace Lines），當地人也稱和平牆，因為它是由一座長度約三十公里，高度約四個人疊起來的一座高牆，分隔成兩個區域，圍牆上方的圈型鐵網，加深了這道牆不可跨越的禁忌。

跟著當地人生活的步伐，總會在旅行中發現有別於平常的觀察

「愛爾蘭自一九二一年宣布獨立，雖然國土已劃分此地隸屬於英國，居住在北愛爾蘭的居民，宗教上仍然存在著天主教徒和新教徒，過去歷史的衝突依舊蔓延在現代人的心中，為了降低雙方衝突，政府逐起一道牆，避免紛爭。」丹尼爾帶我沿著高牆走，一邊跟我說起這些過往歷史。

「你覺得自己是愛爾蘭人還是英國人？」我問。

「我當然要回答我是英國人。」丹尼爾四處張望了一下，有點慌張的說。「你最好不要在北愛爾蘭隨便問當地人這個問題，那很可能會為你帶來麻煩。」

對一個傻傻的觀光客而言，我顯然不知道事情的嚴重性。

「在貝爾法斯特出生的國民，可以同時擁有愛爾蘭和英國的護照，但是我出國會選擇用愛爾蘭護照，別人問我從哪裡來，我會說我是英國人。」丹尼爾解釋如何善用雙重國籍的身份。

「為什麼出國不選擇英國護照？」我問。

「你覺得英國過去戰爭的豐功偉業，會為我在各國旅行加分嗎？」丹尼爾敲了一下我的頭。

「前方有個門是做什麼用的？」我問。

「這道牆雖然將居民分隔兩邊，仍然留有四道門，白天開啟，晚上關門，方便雙方居民往來上下班。」丹尼爾說。我想也是，若沒有方便兩邊居民出入的大門，進出還得繞道三十公里，紛爭恐怕天天降臨。

貝爾法斯特是不容許市民隨意在公物上塗鴉，唯有這片和平牆可以任由人民隨意彩繪，成為許多帶有政治意識的畫家，或是塗鴉藝術家抒發情緒的管道，牆面上都是大幅完整的作品，畫作多半沉重，簡短字句緬懷過往的傷痛，愛爾蘭的歷史和兩派宗教的訴求，沿著牆面，越走越沉痛。

丹尼爾和我停在一幅以許多人像構成的壁畫前，畫風帶有普普藝術的風格，顏色明亮鮮豔，但是看到了底下這行字，我似乎感覺背後潛藏的故事，肯定不如這幅畫的色調令人感到愉悅。「這些不是承擔最多痛苦的人，而是能夠克服忍受最多痛苦的人。」（It is not those who can inflict the most but those who can endure the most who will conquer）。這幅畫中央以 Francis Hughes 為首，是一名愛爾蘭共和軍（IRA，Irish Republican Army），於一九八一年在獄中爭取特殊政治犯地位作為抗議行動，最終絕食致死，前後共有十人喪生。一名壁畫家以此紀念愛爾蘭絕食抗議（Irish hunger strike）屆滿三十週年。

這條路是丹尼爾每天上班必經之路，這幅壁畫想必看了上百次，我想同樣身為人像畫家的他，若是拿起畫筆畫下過往這些為權利奮戰而亡的人，呈現的肯定是另一番心中理解的歷史風景。丹尼爾哼著愛爾蘭民謠，離開越走越沉重的和平牆，帶我前往他平日上班的美術教室。

丹尼爾以藝術治療的方式，帶領小朋友接觸繪畫，這是他歷經一年半旅行，所得到的啟發。丹尼爾擅長人像畫，自然以人像作為主要教學方向，不同的是，第一次進到教室學畫的孩子，他會要求大家拿出手帕矇住雙眼，以雙手觸摸對方的臉部，將感受到的五官畫下來，即便老是嚷著不會畫畫的孩子，都能透過最直接的觸感，畫下第一眼的感受，當所有孩子拿下手帕，看到對方的臉，不需任何言語的驚喜，喜悅便自然悄悄在心裡滋長。第一次的繪畫經驗就如此美好，孩子以後會懂得想像比看到的要大得多，看不到的或許才是留在心底最深刻的記憶。

和平牆總長約三十公里，成為許多帶有政治意識的畫家一個抒發情緒的管道

一名壁畫家以此幅畫紀念愛爾蘭絕食抗議屆滿三十週年

麥金塔許教派

從貝爾法斯特前往格拉斯哥（Glasgow），我選擇搭郵輪的方式，正式踏入英國的地盤。

在郵輪上欣賞海面風光，看不到盡頭的朦朧景致，將我的思緒抽離；海浪拍打的聲響，如同弦樂洗去心靈的煩雜。捨棄搭乘飛機縮短轉乘的時間，長途旅行適合緩慢移動，走過每一吋即將揮別的土地，是說再見最好的方式。

十七歲的時候曾造訪過英國，十多年前的記憶突然湧上心頭。我一直記得抵達諾丁漢（Nottingham）時已過了午夜，街邊停滿一整排車輛，是等著接待我們到各個寄宿家庭的宿主。為了將我們這群孩子妥善交到宿主手中，來自台灣的代辦機構，在昏暗的街頭，著實費了好大一番功夫。十多年過去了，從沒想過會再踏回英國這塊土地，十七歲的記憶在我走下船那一刻突然被喚起。

從港口下船，搭上巴士，兩小時後抵達格拉斯哥，是蘇格蘭的第一大城。初見格拉斯哥，暗紅色系堆砌出當代及歷史悠久的各類建築，充斥在整座城市中，藝術氣息頗為濃厚。每到一座城市，我總是習慣用步行一整天的方式，四處走走看看，觀察建築、街道景象、咖啡館的陳設、路邊的街頭小吃，當地人的穿著或是交談內容，有助於快速建立和這座城市的關係。

九月初，氣候微涼，市區裡走了一上午，轉往偏離市區以外的街道探險。景致瞬間開闊，陽光灑落在遠方一大片草地上，後方一座暗紅色巴洛克建築的博物館吸引我的目光。

「Charles Rennie Mackintosh and the Glasgow Style」是凱文葛羅夫藝術博物館（Kelvingrove Art Gallery and Museum）裡永久性的展覽之一，展出已故的蘇格蘭建築師麥金塔許（Charles Rennie Mackintosh）一生最重要的設計。麥金塔許於一八六八年出生於格拉斯哥，於格拉斯哥藝術學院（The Glasgow School of Art）建築學系完成學業，而後開始在設計上嶄露頭角，是創造出格拉斯哥設計風格（Glasgow Style）的先驅。簡潔俐落的線條不僅在平面的彩繪玻璃上展現，帶有日本簡約風格的家具結構，將歐洲繁複的華麗裝飾精簡到最低，強調實用、風格

格拉斯哥是蘇格蘭的第一大城

暗紅色系堆砌出的城市建築，讓格拉斯哥散發出濃濃的藝術氣息

化並賦有內涵的現代主義風格。麥金塔許的建築和藝術，從此成為格拉斯哥鮮明的識別。

走在麥金塔許的展館裡，總是有一股淡淡的日本色彩，隱隱約約埋藏在看似實用又像藝術品的家具裡，越看越喜歡。前方一位和我年紀相仿的男生，一眼就認出他來自日本，因為麥金塔許讓我們有了交談的機會。耕平是一名在日本東京工作的年輕建築師，因為麥金塔許的建築成就，讓格拉斯哥藝術大學建築學系躍升成為世界十大建築學府，他從日本東京大學建築系畢業後，努力工作了好幾年，終於如願到蘇格蘭追隨麥金塔許的藝術理念。

好奇日本人為何對一位遠在英國的建築師如此崇拜。耕平對麥金塔許的作品如數家珍，花了不少時間向我介紹他畢生的作品，耐心為我解說這兩個國家之間的藝術淵源。

格拉斯哥在蘇格蘭原是造船業的重要核心，早年當地造船廠開放日本海軍和工程師到此學習造船技術，日本設計慢慢滲透到蘇格蘭，進而廣泛受到西方設計師的喜愛，直到麥金塔許將自身的蘇格蘭色彩以及早年日本藝術風格的影響結合，才開始帶領歐洲掀起一場新藝術運動。一百多年後，時光流轉到現代，我竟然遇見一位遠道而來的日本人，千里迢迢來到這座曾經深受日本設計影響的城市，學習經由蘇格蘭人孕育出來的新藝術風格。這令我想起早年日本統治台灣長達五十年，日本的建築、飲食、語言對台灣造成不小的影響，台灣許多城市現今仍保有當時日本人留下的痕跡，老舊建築不斷翻修、改建，慢慢摻入濃濃的台灣味。居住在格拉斯哥的蘇格蘭人若來到台灣，不知道會不會有相同的文化共鳴。

耕平熟門熟路帶我來到大街上的柳樹茶房（The Willow Tea Room）。一週以來，他已經拜訪第三次。耕平果然是不折不扣的「塔粉」，因為這是出自麥金塔許的建築及室內設計作品。拿起菜單，喜見平易近人的價格。在蘇格蘭第五天，明顯感受到物價的差別，英鎊比起歐元更值錢。這幾天多半靠著超市裡販賣的冷食、沙拉填飽肚子，三種尺寸的盒子一字排開，兩英鎊、三英鎊、五英鎊（約一百、一百五十、兩百五十元台幣），以裝滿食物蓋上蓋子為基準。幾天下來，

用步行一整天的方式觀察街道景象，有助於快速建立和這座城市的關係

冷食始終不對「胃」。求救店面販售的杯裝義大利麵，一份六英鎊（三百元台幣），淚水往肚子裡吞，只好回頭買一盒兩英鎊的冷食充飢。來到柳樹茶房，傳統蘇格蘭餐點，馬鈴薯泥佐肉醬汁、蔬菜、燉碎牛肉一份六點五英鎊（三百二十五元台幣），熱茶或咖啡一杯二點二英鎊（一百一十元台幣），與其他餐廳相比，這裡的價位親民許多，簡直如獲至寶。終於明白耕平一週拜訪三次的原因。

頭號「塔粉」繼續力邀我到麥金塔許設計的格拉斯哥藝術學院朝拜一番。有時我真懷疑在日本是不是有「麥金塔許教派」，這一連串的行程實在太像宗教膜拜儀式了。

一八四五年成立的格拉斯哥藝術學院，原址遷移過後，由校友麥金塔許主掌建築設計，一八九七年動工，直到一九〇九年完成。每一年來自世界各地的學生會將作品展示在各個角落，揉和了校園和美術館的界線。導覽員領著我們走到著名的「Hen Run」走廊，Hen 是當地的一個俚語，是母雞的意思，二樓工作室多半是女學生在縫紉或是繪畫時候使用的空間，當她們沿著長廊走過發出聲響，

「奔跑的母雞」這個名字便油然而生。站在長廊上往外頭望去，格拉斯哥的城市風景盡收眼底，麥金塔許了解藝術學院學生在創作時需要開闊視野，有助於靈感的激發；不止照顧到眼睛所看見的，學校裡的每個角落隨時提供學生創作，窗台前備有桌椅，陽光照射進來的方位，都是麥金塔許留給後代學生體貼的設計。還未入學的耕平幾乎是黏在窗台的椅子上不肯離開，迫不及待成為麥金塔許學弟的欲望表露無遺。

來到格拉斯哥完全是個出乎意料之外的藝術之旅，怎麼也沒想到竟然是由一位日本人帶我認識蘇格蘭最偉大的藝術家。麥金塔許的作品，同時存在博物館、餐廳、學校這三種截然不同的場域，並且將藝術自然的融進生活裡。從藝術、飲食、教育的角度觀察麥金塔許三種面向的創作，他一生中留下的不僅僅是充斥在蘇格蘭人生活裡的作品，而是充滿無限想像的藝術識別。

頭號「塔粉」耕平，帶著自己多年來的工作積蓄，在即將邁入三十歲之際，決定放棄漸趨穩定的建築師工作，和長跑多年的女友協議分手，重返校園追隨自

麥金塔許設計的柳樹茶房建築作品

窗外開闊的視野有助於創作，是麥金塔許留給後代學生貼心的設計

放棄安穩和不踏實的生活，應該才是真正的自由吧

己喜愛的藝術家，期望有朝一日自己的建築作品能如同麥金塔許一樣為人民的生活帶來影響。從學校畢業後的前幾年，如同耕平一樣，我對藝術創作有著滿滿的想望，隨著千篇一律的工作不斷重複上演，消磨的不只是時間，而是各種方面的虐待。耕平總算能從工作的虐待中逃脫，彷彿重獲自由，這份自由除了能選擇自己想做什麼，也是決定自己可以不要做什麼。從耕平身上，我看到放棄安穩和不踏實的生活，這應該才是真正的自由吧！

媽媽的距離

我習慣在移動的途中向宿主發出借宿訊息，一來免除宿主需等待多時的不確定感，也符合我毫無旅行路線的計劃。巴士上昏睡四小時，才剛抵達英格蘭約克（York）火車站，電話就響起了。

「你好，剛剛收到你的來信，我很樂意接待你兩晚。請問你現在人在哪裡？」派翠克（Patrick）語帶親切的對我說。

「非常謝謝你這麼迅速回覆借宿需求，還親自撥電話跟我確認，我剛抵達約克火車站。」接到這通溫暖的電話，長途車程累積的疲累，瞬間消逝。

轉搭火車，五十分鐘後到站，斯卡伯勒（Scarborough）車站門口，我看見派翠克牽著他的愛犬，樂喜（Lexi），四處搜尋我的身影。

從蘇格蘭一路奔波到英格蘭，派翠克看出我眼裡的疲憊，體貼邀請我到一旁面海的酒吧稍作休息。斯卡伯勒鎮上公車班次的間距，若是一不小心錯過了，走進酒吧喝一杯，絕對是消磨等待時間最好的選擇。

我牽著樂喜在酒吧外頭等著，派翠克端出兩杯啤酒。傍晚五點多，面海的景色呈現微微的紅光，海浪猛烈拍打沿岸石牆，低矮的防波堤，海水不斷濺上路面，打在併排的車輛上，警報器嗡嗡作響。每當窗外起風，天空飄起細雨，派翠克就會拉著樂喜往外跑，來到酒吧選同一處座位，看著整晚不平靜的浪。

天黑前的晚霞，像是加了色母，留下一片層層疊疊的暗紅，籠罩著天空。

派翠克退休前是一名小學老師，在里茲（Leeds）教了幾十年的書，退休後從約克西邊的里茲搬到東邊的斯卡伯勒，他和我一樣都喜歡靠海的地方。另一個讓他愛上這座臨海小鎮的原因，是沿著海岸邊的山，永遠可以發現新的路線和高度，從不同角度欣賞沿海風光。

派翠克精準的算好公車抵達的時間，帶我搭上通往上層路面的輕軌電車，僅約三十秒的時間，只為讓我免於扛著身上沉重的行李，攀爬近百層的階梯而苦不堪言。步出纜車，眺望整面山坡上的建築，隱隱透著絢爛的光線，將漆黑的海面，暈成一片多層次的墨，我幾乎看傻了，忘了若是錯過這班公車，就得在綿綿細雨的夜晚，拖著十幾公斤重的行李走在泥濘的山路上，到達派翠克位在另一個山頭的住處。我想步行四十分鐘的山路，對派翠克來說應該是家常便飯，但我可不想在第一晚就領教他口中擁有毫無死角、完美曲線的斯卡伯勒。

紙條一：

早安，我不想一大早就吵醒你，廚房裡有咖啡和茶，我和樂喜在對面的花園裡曬太陽。

手裡握著咖啡杯保暖，脖子上圍著厚重的圍巾，英國九月的天氣對我來說已有些寒意。派翠克在陽光下忙著園藝工作，一身輕薄短衫，仍是滿身大汗，樂喜一見我就興奮的撲上來，幸好派翠克即時將她攔住，否則清晨藉由一杯熱咖啡沐浴，肯定寒意全消。

進入長達三十年的教職生涯之前，派翠克渴望的是當一名全職園丁。

「退休後唯一讓我期待的事，終於可以浪費大把時間打造自己的花園。」派翠克說：「這些花花綠綠的植物，會因為你的細心照料而越長越好，和人相處就不同了，總是無法預期。」

我聽出了派翠克這句話背後，可能有著令他感到失望的故事，但我沒有追問，只是好奇他為何過著獨居的生活。

「你的家人沒跟你住在一起嗎？」我問。

「我沒有結婚，我有兩個弟弟，其中一個最近搬來約克，不過我們不太常見面。」他說。

我想我不該再問下去了，免得破壞帶點陽光的涼爽早晨。

一杯咖啡之後，樂喜早已搖著尾巴等在花園門口，派翠克每天固定帶她到山裡走走。我換上球鞋，加入他們的清晨健行。

早晨潮汐低，留下整片清爽乾淨的沙灘，像是一幅畫在邊上留白。派翠克停下腳步眺望，這是他最喜歡這座城市的角度，彎下腰解開樂喜的項圈，任由她四處奔跑玩耍。

三年前，派翠克將媽媽的骨灰就撒在這片山坡上，希望她能永遠看見眼前這片美麗的海景，想念媽媽的時候，他會走到這裡和媽媽說說話。派翠克有過一段悲慘的童年回憶，最大的原因來自於她最愛的母親，露西（Lucy）。

露西從小在英國中部的修道院長大，修女的管教非常嚴格，成年之前飽受精神和肉體上的虐待，造就了猜忌和極度缺乏安全感的扭曲性格。二十歲那年，露西終於離開了她永遠不想回去的「家」。渴望擁有家庭的露西，隔年認識第一任丈夫，兩人很快有了愛的結晶，生下了派翠克。婚後，露西嫉妒、猜疑的性格表露無遺，引發憂鬱症，成天與丈夫惡言相向，也將童年遭遇的不當管教，發洩在派翠克身上。派翠克十歲那年，露西認識了第二任丈夫，卻不願切割與派翠克爸爸的關係，一條枷鎖將這兩任丈夫和露西綁在一起，無情的將年幼的派翠克困在這段不健康的家庭關係裡。三年後，派翠克同母異父的兩個弟弟相繼出生，直到派翠克年滿十八歲，聽從高中老師的建議，搬離家中到外地求學，才結束長達八年殘酷的共生關係。

沿著海岸邊的山，永遠可以發現新的路線和高度，從不同角度欣賞沿海風光

精神折磨，成年後就搬離家中，從此不再和家人聯絡，二十多年來毫無音訊。派翠克唯一的家人只剩有著一半血緣關係的弟弟，卻僅止於感恩節和聖誕節的輕聲問候。

從派翠克家中搭乘巴士到市中心只要十五分鐘。派翠克帶我往靠海的一端走去，遠遠就看見屋頂上竄起一座時鐘，小巧的咖啡廳掛在半山腰。時鐘咖啡（The Clock Café）於一九一三年開始營業，紅瓦疊成屋頂，柱子漆上鮮黃色，一格一格的白窗櫺鑲成整面窗，沒有過於華麗的外表，在此佇立一百年，我正好趕上她的百年大壽。時鐘咖啡出了一本小冊子，紀念她過去這一世紀的所見所聞。

咖啡廳門口擺著兩張面海的長凳，前方的石牆平台成了餐桌，我和派翠克望著眼前的海景，嘴裡嚼著裹上香濃奶油的司康（Scone）。第一次世界大戰，前方的這座平台，是當時防禦德國艦隊從海面上轟炸的絕佳地點；到了一九三九年爆發第二次世界大戰，這座咖啡廳成了海軍航行指揮的地方。時鐘咖啡參與了世界上最重要的兩次戰爭，在戰亂中為斯卡伯勒人民扮演著防衛的角色，若不是坐

一段兒時不尋常的家庭共生關係，派翠克罹患了憂鬱症

每晚的驚嚇，樂喜總是陪在身邊緩解派翠克的恐懼

在身旁的派翠克告訴我這些故事，我大概只在乎平台上那些可口的茶點，而渾然不覺這座平台曾經掩護過多少士兵。我想經營者不想過於渲染這座平台的豐功偉業，只是單純的把長凳擺在平台後方，讓路過喝杯咖啡的遊客，在欣賞美景的同時，不經意的置身在這段歷史中。

派翠克繼續說起他和斯卡伯勒之間更深層的關係。五十五歲時，派翠克的胰臟出了問題，被診斷出只剩下幾個月的生命，只能暫停教職，住進醫院長期治療。他的意志力戰勝了病痛，健康暫時穩定下來。過去斯卡伯勒陪伴派翠克度過好幾個學期結束後的暑假，生病之前，他曾想過退休後搬到這裡養老，現在既然提前退休，總算可以為自己好好過日子了。斯卡伯勒似乎成為了派翠克活下來的動力。

派翠克身旁從來沒有伴侶相伴，獨身六十年，年輕時曾遇見心儀的對象，卻總是在雙方決定更進一步的當下，過於親密的恐懼讓他心生畏懼。曾經有很長一段時間，派翠克為此非常憂心無法像常人一樣擁有穩定的伴侶關係，卻又無法敞開心房接納即將萌芽的愛情，讓對方完全走入他的生活。在長期自責、怨恨與愧疚中引發了憂鬱症，他開始接觸心理醫生的治療，原來心底那團躁動的漩渦，來自兒時一段不尋常的共生關係。母親將前後婚姻關係的存在視為理所當然，讓年幼的派翠克扭曲心理上對愛的正常認知，那團漩渦在他成年之後成為每天夜晚的夢魘。在我借宿的那段時間，派翠克不斷提醒我，若是聽見他在夜晚瘋狂喊叫，不要感到驚慌，那只是他常年的驚嚇，而每晚驚醒後，樂喜總是用憐憫的雙眼望著床上驚魂未定的派翠克，才稍稍讓他獲得恐懼後的救贖。

曾經有個朋友問我：「你知道最令人恐懼的事情是什麼嗎？」我當時想了很久回答不出來，「當你不知道恐懼距離你多遠的時候。因為恐懼的距離會隨著你的幻想忽遠忽近，這樣的恐懼才巨大的可怕。」朋友這麼告訴我。

離開斯卡伯勒的最後一晚，享用了派翠克親手料理的農舍派（Cottage Pie），這是他小時候家裡最常出現的食物。以前家裡常常有隔夜菜，一個禮拜總有幾個晚上，媽媽會把馬鈴薯放在前一天的食物上面，再撒上一層便宜的起司，一起放進烤箱裡，出來後就變成一道美味的料理。當然派翠克沒有將隔夜菜招待即將與他道別的訪客，但是藉由這道料理，他想起了媽媽，也讓我嘗到了他想念媽媽的味道。

隔日，我們相擁道別，彼此嘴角都掛著欣慰的笑容。短短三天，我們交換了彼此的人生故事，堅信不久的將來會想念對方。派翠克在火車啟程前帶著樂喜先行離開了月台，我想他是不願意讓感傷的氣氛，隨著火車行駛發出轟隆轟隆的聲響，拉高離別的情緒。看著他的背影在月台轉角消失，心裡真有些不捨。

火車停靠下一站，旅客魚貫走進，我從窗外拍下一位母親看著孩子即將遠離家鄉的神情，突然想起多年前第一次暫別台灣，母親在機場送別時別過頭那一刻的表情。

搭公車總會經過這一處奇妙的景象，像是通往另一個時空的黑洞

世界是我的牡蠣

從英國東部一路轉搭公車、火車、兩段長途巴士南下，歷經五個多鐘頭，終於在接近午夜時刻抵達英國倫敦。總算趕上倫敦設計節（London Design Festival）。

轉搭地鐵時，售票機旁的站務人員建議我買一張牡蠣卡（Oyster Card）。看著卡片上印著偌大的字母——Oyster，實在想像不到牡蠣到底和地鐵之間有什麼關聯。敵不過好奇心，通過地鐵站閘門後，走回頭問站務人員。

「請問為什麼這張票卡取名為牡蠣卡？」我問。

「有兩個說法，倫敦泰晤士河（River Thames）過去牡蠣的生態豐富，是當地特有的資產，所以將票卡取名牡蠣；另一個說法，威廉莎士比亞（William Shakespeare）是享譽全球的英國文學家，他曾在劇作中寫過一句話：『世界是我的牡蠣（The World Is My Oyster）』，成了牡蠣卡名字的由來。」站務員非常有耐心的向我解說。

「世界是我的牡蠣？」我問。我以為我漏聽了一些關鍵字。

「這句話的意思是說，世界上有太多意想不到的事情，就像堅硬的牡蠣殼裡藏著寶貴的珍珠，隨時等著你去挖掘。」站務員說。

一張車票卡埋藏英國文學家對人民生命的期許，英國人何其幸福；威廉莎士比亞文字的力量深刻雋永，成為英國人世世代代的驕傲。

倫敦設計節從二〇〇三年開辦，以整個倫敦做為展覽的基地，每年吸引超過五十個國家的品牌和設計師到此展出作品，是全球大規模的設計展之一，每年九月定期為倫敦注入濃濃的藝術氣息。一張摺得小小的地圖，攤開後是一張大型的倫敦街道圖，上頭標示出與倫敦設計節合作的商家，按圖索驥，來自世界各地設計師的作品，就藏匿在整座倫敦城裡。

盯著密密麻麻的倫敦街道圖，一邊抬起頭來讀著門牌號碼，總算找到第一間和倫敦設計節合作展出的家飾店。澳洲設計師安德魯艾奇（Andrew Archer）所設計的作品「奇特彈力椅（Extraordinary Bungee Ivy Chair）」，是一張放置在上下鏡面中央的椅子，四角綁上彈力繩，椅子搖搖晃晃垂落在半空中，展區周圍佈滿藤蔓，看起來就像一張吊在森林裡的吊床。四邊繩子因為施力點不同，坐上去會

英國文學家威廉莎士比亞寫過一句話「世界是我的牡蠣」，成了倫敦地鐵牡蠣卡名字的由來

讓人產生飄浮感，利用上下鏡面反射出的虛實空間，藤蔓隔絕外在環境，短短幾秒的「飄浮體驗」，彷彿讓座椅上的人置身在另一個空間裡，我閉上雙眼享受這奇特的飄浮感，突然有人抽了一下彈力繩，將我拉回現實，設計師安德魯就站在我身旁，給了我一個微笑。

安德魯喜歡創造與人互動的藝術作品，藉由這一次與商家合作的展場，特別設計這款讓人體驗過後隨即充滿想像空間的椅子，然後默默在店內觀察每個人坐上椅子後的反應。安德魯期望藝術能帶給人無限想像，也希望從觀者的想像裡為作品延伸出更多面向。

倫敦著名的 V&A 博物館特別在設計節期間規劃工作坊，讓民眾走進藝術家平日工作的空間，從旁觀察作品創作的過程。看著來自德國的藝術家茱莉亞珞曼（Julia Lohmann）在現場創作的海藻系（Department of Seaweed）作品，令我嘆為觀止，趁著下一場工作坊的空檔，趕緊上前和她聊天。多年前茱莉亞和我一樣，以為海藻只能拿來食用，去了一趟日本，竟開啟了一條出乎意料的創作之路。

茱莉亞過去曾經受僱於日本札幌市駐市藝術家，當時著手創作關於海洋生活的主題，發現當地盛產各色海藻，激起她強烈的好奇心，詢問當地人如何利用這些海藻，得到的答案竟然只用在食材上，其餘一概毫無發揮。茱莉亞看見海藻質地的延展性和各種天然的色調，花了幾年時間，與從事手作藝術的藝術家，共同實驗將海藻發展成產品的材料，試圖替代市面上大量使用塑膠、皮革以及各類傷害環境和生命的產品，製作出裝置藝術、燈具、家飾品。茱莉亞的作品，帶給人們對審美的另一種思維，也強調利用大自然的產物減低對地球及生命的傷害，不能只是滿足商人的荷包，也不該將罕見的真皮製品餵養人類追求稀有的虛榮心。

過去承接來自加拿大製作的節目「How It's Made」拍攝工作，長達三週，我帶著拍攝團隊走訪台灣十多個製造廠，拍攝各地產品製造過程。看著工廠每天製造大量無法被環境自然分解的產品，加上機械化運作，產品每日定時定量產出，銷售通路遍及全世界，出口數量遠遠超乎我的想像。過去十幾年來，這個節目在世界各地受到廣大的迴響，許多產品的製作過程在網路上不斷流傳與轉載，影片版權更是賣到六十多個國家。拍攝結束後，心裡一直有個疑問，不知道螢幕前的觀眾是否能感受到節目背後隱藏的訊息——這些大量製造出來的產品被淘汰後將何去何從。抑或只是單純好奇一顆籃球、一台吸塵器或是一輛汽車是如何被製造出來的。

茱莉亞短暫定居日本前，並未驚覺市面上氾濫的現代產品將為世界帶來嚴重的影響，直到接觸到海藻，才開始思考應該善用大自然給予的素材作為創作的來源，才不會為環境製造出更多餘的負擔。人們不斷跳入商人建構出來的消費模式，購買一堆以為我們用得到甚至更為便利的產品，在滿足欲望與便利之餘，同時也在一點一滴傷害我們所處的環境，甚至擴及世界每一個角落。

離開倫敦之前，我把牡蠣卡退還給站務人員，想起「世界是我的牡蠣」這句話，對這句名言有了另一層的解讀。世界上存在著太多意想不到的事情，茱莉亞發現海藻的可塑性，為人們帶來極具影響力的創作思維，透過作品傳達現代產品大量製造，已為環境帶來極大的負荷；這個世界裡確實藏了許多珍貴的珍珠，等著我們去挖掘，現代人看見了牡蠣殼裡的珍珠，運用智慧發明許多產物，反而為全世界的環境帶來更多意想不到的災難。我想每個人都需要透過各種方式親身體會現代產品對環境的傷害，才能真正驚覺身處的環境正慢慢被摧毀。

我們身處的世界如果是牡蠣，大自然的產物就是一顆顆珍貴的珍珠。

倫敦設計節以整個倫敦做為展覽基地，每年吸引超過五十個國家到此展出

人們購買一堆滿足自我欲望的產品，同時也在傷害我們所處的環境

自行車的異想之路

打開手機APP，搜尋飛往北歐國家最便宜的廉價航空，換算台幣三千圓，只比台北飛高雄貴不到一千圓，立刻打包行李啟程，在倫敦希斯洛機場（Heathrow Airport）大廳睡了一晚，等待清晨六點最早的班機。兩個小時後，抵達丹麥（Danmark）首都哥本哈根（København）。

北歐廉價航空大概是最容易令人掉入陷阱的公司。走出哥本哈根海關出口，到一旁的商店買瓶水，要價二十六丹麥克朗（台幣約一百二十五圓），只好嚥下抵達丹麥的第一口空氣，就當是解渴。要是連買瓶水都得考慮再三，不曉得接下來這座打算陪伴我度過幾週的城市，會如何對待我所剩無幾的荷包。

走出機場省下一瓶台幣一百二十五圓的礦泉水，隨即迎接而來的是令我望之卻步的大眾運輸工具，單趟公車三十六丹麥克朗（台幣約一百七十圓），這大概是台灣一般上班族三天來回通勤的費用。在哥本哈根若要感受沙丁魚般擁擠的乘車體驗，應該相當罕見，因為住在哥本哈根的居民寧可耗費腳力踩著自行車移動，也不願讓昂貴的交通費壓得自己喘不過氣。

丹麥空氣新鮮，用眼睛看就能感受太陽照射下的光線特別清透，我想和路上常常看見各色自行車必定有很大的關聯。

丹麥政府為了減低二氧化碳排放量及車子的數量，於一八九二年啟用第一條自行車道，鼓勵人民以自行車代步，妥善規劃道路，讓丹麥人民在安全平緩的自行車道上穿梭，同時劃分人行道和汽車道，道路建設也都以自行車為優先考量，並且設置專屬的號誌。如此禮遇的做法，就算哥本哈根的大眾運輸票價降到和台灣一樣親民，也未必有人願意放棄戶外新鮮的空氣，轉而擠進密閉的交通運輸空間裡。

哥本哈根的市容實在賞心悅目，正當我緩慢踩著踏板一邊欣賞沿途設計感十足的店面和建築，車道上彷彿成了各色自行車的伸展台。以設計聞名的丹麥式設計，強調功能主義，一位年輕媽媽從旁呼嘯而過，嬰兒車就設計在自行車前方，一體成型，這位媽媽似乎絲毫不擔心一旁行進的車輛，會為前方熟睡的孩子帶來任何意外，雙耳掛上耳機，一路放心的馳騁在車道上，這一幕簡直蔚為奇觀。實

丹麥政府為了減低二氧化碳的排放量，於一八九二年啟用第一條自行車道

哥本哈根市容實在賞心悅目，車道上彷彿成了各色自行車的伸展台

在很難想像台灣自行車道的規劃，何時才能讓市民卸下心房，安心將孩子放在行進的車輛前方，並且毫無後顧之憂的大口呼吸新鮮空氣。

與哥本哈根的宿主碰面後，自行車立即成為對方強烈建議的交通工具，家中的自行車，成了我暫時接管的代步工具。接待我的宿主，萊克（Lærke）與亞諾（Arnaldr），花了半天以自行車帶我熟悉哥本哈根市區後，隨即把家中鑰匙交給我，兩人帶著簡易的行李離開家中，準備到隔壁的瑞典繼續蓋房子，留下滿臉錯愕的我獨守空屋。萊克細心的為我留了幾瓶紅酒、薯片和滿冰箱的蔬果魚肉，等待他們一週後返回家中。

萊克是一名電視製作人，在哥本哈根的電視台製作兒童節目；亞諾是一名退休的社工，五十七歲的時候，利用工作空檔的週末到瑞典親手蓋自己的房子，年過七十的兩人，是彼此婚姻的第二春。亞諾的夢想是親手在森林裡蓋一棟木造房子，萊克則是每個週末當作度假，陪著他到瑞典「築」夢，至今持續十七年。我問房子何時能蓋完，他們笑笑說：「不知道我們這樣蓋房子還能蓋多久，因為好像永遠蓋不完。」

在哥本哈根騎自行車專注力時常處於放鬆的狀態，因為車道實在規劃得太過於安全，完全不必擔心往來車輛或是行人會突然出現在自行車道上。享受了一整天獨守丹麥空屋的時光，騎著萊克的自行車外出蹓躂蹓躂，竟然無意間闖進了一座公墓。

艾西斯坦公墓（Assistens Kirkegård）埋葬著許多丹麥的名人，石碑上密密麻麻的人名當中，我只認識丹麥的童話故事作者安徒生（Hans Christian Andersen），全台灣的孩子大概都聽過安徒生童話。我怎麼也沒想到長大後竟然會站在這位影響全世界小孩想像力的安徒生爺爺墓碑前方。自行車緩慢的滑行在棋盤式的墓園之間，一格一格的鐵欄，圍住了來自世界各地探訪這些名人的思念，墓碑前方擺著各地擁護者的花束。艾西斯坦公墓就像一座大型公園，座落在熱鬧的哥本哈根市中心，完整規劃的人行步道，隨處可見丹麥居民穿著輕便繞著墓園慢跑，甚至還有一對情侶拎著輕便的烤肉用具，裹著毛毯談情說愛，更不用說自在的躺在墓園旁的草地上野餐、閱讀，對哥本哈根市民來說，應該也是件稀鬆平常的事。

丹麥政府祭出高額的大眾運輸票價，為城市換來一口清新的空氣，卻不見丹麥市民怨聲連連，反而相繼跨上自行車，成為日常生活中最重要的交通工具，最大的附加價值莫過於在車道上成為一幅緩慢且寧靜的風景。台灣大眾運輸系統便利與低廉的票價，令許多外籍遊客嘖嘖稱奇，若要競爭全世界交通最便捷的國家，台灣必定榜上有名。即便台灣騎乘自行車目前仍停留在週末假日的休閒小確幸，或是成為偶爾運動的選項之一，離真正讓自行車取代汽車、摩托車、大眾運輸系統這條路，大概無法在短時間追上丹麥人的腳步，但我依然相信讓自行車成為台灣主要的代步工具，終究不是一條異想之路。

艾西斯坦公墓像是一座大型公園，座落在熱鬧的哥本哈根市中心

一對情侶裹著毛毯在墓園裡烤肉兼談情說愛，倒也是件稀鬆平常的事

搭便車的漫長等待

從丹麥哥本哈根前往瑞典馬爾摩（Malmö）的火車上，會行經世界上最長的一條海峽聯接道，名為松德大橋（Øresundsbron），原文混合丹麥文和瑞典文，是一條行車和鐵路兩用的橋樑，全長十六公里，足以飽覽波羅的海與北海交會的松德（Øresund）海峽風光，我已悄悄跨越國界，來到了瑞典。

拖著行李走在顛簸的石頭路上，尋找前一晚下訂的青年旅舍，行經馬爾摩最古老的大廣場（Stortorget）。廣場周圍一間不起眼的飯店大門前鋪了一道紅毯，兩邊設有紅龍，紅毯尾端卻停了一輛不起眼的銀色轎車，門邊上還有張小小的皇冠貼紙，我仰頭望向前方高掛的兩面國旗，一面是瑞典的黃十字藍底國旗，另一面依稀是紅綠色塊上頭有黃顏色星星，垂掛著的國旗一時無法隨風揚起，無法準確判定旗幟來自何方，突然一名帶著黑框眼鏡梳著油頭的男士從飯店門口走了出來，兩名保鏢上前迎接。我趕緊抓著路過的瑞典大叔問了黑框男的身份，原來是瑞典國王卡爾十六世的女婿丹尼爾（Olof Daniel Westling Bernadotte）。才剛踏上瑞典的國土，馬上就有皇親國戚前來「迎接」，真是何等的榮幸。

瑞典大叔顯然不想讓我在天黑之前找到落腳的地方，執意要講完王子與公主的愛情故事，才肯放我走。丹尼爾原來只是一介平民，在瑞典的首都斯德哥爾摩（Stockholm）開辦健身房，成為維多利亞公主的私人健身教練，隨即兩人墜入愛河而後走入婚姻。瑞典大叔津津樂道這段麻雀變鳳凰的愛情故事，的確我也在各個商店門口的海報上，看見維多利亞與丹尼爾帶著剛滿週歲的小公主在媒體上亮相，瑞典皇室搖身一變，成了最佳的觀光代言人。一國之君反映出自身國家的形象，確實能影響我最初看待陌生國度的印象。

在馬爾摩停留一晚後，我不知哪根筋不對，竟想從馬爾摩搭便車前往六百二十公里外的斯德哥爾摩，車程預計六個半小時，若是攔不到任何一輛車，我就得不眠不休步行五天之久，才能如願抵達目的地。

從青年旅舍步行四十分鐘來到高速公路交流道旁的速食店，店內顧客看起來皆是一副即將遠行的裝扮，送貨員、卡車司機居多，決意要以搭便車作為此次移動方式的我，心裡頓時安心不少。外頭停車場的車輛想必是蠢蠢欲動在向我招

全長十六公里的松德大橋，是世界上最長的一條海峽聯接道

手，但是每個人卻是在飽餐一頓擦擦嘴之後，隨即拒絕我搭車的請求，開車揚長而去。所幸一旁的加油站為我下了一顆定心丸，得以利用對方短短幾分鐘加油的時間，說服司機載我一程，此時我已不奢求直達斯德哥爾摩這種天真的請求，要是能離開這裡稍微前進幾公里，我想才是最實際的願望。

兩小時過後依然一無所獲，走向加油站旁的便利商店，向店員要了一個紙箱，在撕開的紙板上用英文寫了「搭便車，往斯德哥爾摩」。一名與我年齡相仿的瑞典男子上前與我攀談。

「我在加油的時候看你四處尋求別人讓你搭便車，這樣做非常危險。」瑞典男子的表情略帶嚴肅：「如果你沒有錢搭車，我可以借你，等你到了目的地再把錢還我。」

「我不想拿你的錢。」我不想把單純體驗搭便車這樣愚蠢的理由告訴一個在乎我安危的人。

「如果你沒有錢還我也沒關係，就當作是我幫你一點忙。」瑞典男子堅持的說。

「非常謝謝你願意付出這筆錢，但我堅持要這麼做，這是我旅行的方式。」我說。

「好吧，祝你好運。」瑞典男子推開玻璃門走了出去。

太陽已經快要下山，毫無遮蔽物的高速公路入口，冷冽的風大到我必須緊抓著紙板。

終於一輛轎車在距離我三十公尺外，緊急停了下來，我興奮的奔跑過去。車窗搖了下來，我心裡泛起一陣不安，裡頭是兩名年輕的黑人男子。

「我們要往海斯勒霍爾姆（Hässleholm），可以載你一程。」坐在副駕駛座的男子說。

「麻煩等我一下，我用手機查一下順不順路。」我拿出手機輸入地名：「請問 Hässleholm 怎麼拼？」

「把手機給我，我幫你輸入。」坐在駕駛座的男子邊說邊把手伸過來。

「我自己輸入就可以了。」我本能的將手機緊抓著往胸口靠。

這個反應頓時讓我感到羞愧。

「哈哈哈，因為我們是黑人，所以怕我們拿了你的手機就把車開走嗎？」兩個男子同時大笑了起來，駕駛座的男子說。

「我不是這個意思。」我知道剛才的反應解釋再多也沒用。

「沒關係，希望你可以早點攔到車，天快黑了。」副駕駛座的男子向我揮手道別。

黑人被扭曲的負面印象已深植人心，想必遭到言語、行為、眼神霸凌的事件必定時常充斥在他們的生活之間。我雖然清楚知道不可對各色人種或宗教信仰有任何偏見，但是「反射性歧視」仍是很自然的顯露出來。看著車子越開越遠，心裡滿是歉意。慶幸的是他們沒有因為我的無禮而受到傷害，反倒是輕鬆的看待對方作出的各種反應。

又過了一小時，一輛小型箱行車緩緩停靠在我身旁，幾近失溫的身體，頓時一股熱血衝了上來。是一位面目慈祥的牧師，正要開往北邊載運教會所需的物資。

「讓我載你一程，我要去赫比（Hörby），正好是往斯德哥爾摩的方向。」

馬爾摩最古老的大廣場，佇立著瑞典軍官 Magnus Stenbock 的雕像

商店門口的海報上，處處可見瑞典皇室在媒體上亮相

牧師說。

「太好了，我已經在交流道等了快四個小時，謝謝你願意載我一程。」我說。

我拖著疲憊的身軀，將身上的行李塞進後座，接著一屁股攤在副駕駛座上。

「你還好嗎？」牧師面帶微笑的問我。

「只是有點累，肚子也餓了。」我邊說邊把背包裡的麵包、水果拿出來塞進嘴裡：「這是我第一次搭陌生人的便車，沒想到這麼難。」

「瑞典的治安雖然很好，但是搭便車倒是不太常聽說，我也是第一次讓路邊的陌生人搭車。」牧師對這樣的共乘體驗感到新奇的說。

接下來一個半小時的車程，我們邊無所不談，牧師讓我在赫比鎮上的加油站下車，方便我尋找下一位司機。揮手道別後，我站在原地目送牧師離開，直到聽不見車子的引擎聲，才發現加油站出奇的寧靜，走進一旁的商店，買了熱咖啡、熟食，讓自己恢復精神。

晚上十一點二十分，應該不算晚，我這麼說服自己。外頭溫度接近零度，我躲在商店裡取暖，眼睛盯著窗外，大約每三十分鐘會有一輛車開進加油站，卻沒有一輛車停下來加油，而是將車子停在停車場，走進後方的飯店。我絕望的看著每一輛車子停好，引擎聲消散在空曠的停車場裡，駕駛跨出車門，關上車門，腳步聲慢慢消失在飯店自動門關上之後。連續三輛車，皆是如此。

凌晨十二點五十分，商店店員一邊結算收銀機裡的零錢，一邊抬頭向我望了一眼，十分鐘後，關上櫃臺照明燈，我只好識相的離開商店，繼續坐在寒風中的台階上等待救援。沒多久一名身材高大的年輕男子向我走了過來。卡狄爾（Kadir），一名貨櫃車司機。

「你要搭便車嗎？」卡狄爾說。

「是的，請問你要往斯德哥爾摩的方向嗎？」我說。

「我正好要運送貨物到斯德哥爾摩。」卡狄爾平靜的語氣對比著欣喜若狂的我。

「太好了，謝謝你願意載我一程。」我簡直不敢相信竟然讓我等到一輛車了。卡狄爾帶我走到他的車子旁，是一輛高三米半、長五米的大型貨櫃車。我費了一番力氣把身上所有的行李推進副駕駛座，再以攀爬樹幹的姿勢鑽進車子裡。

卡狄爾來自歐洲東南方的馬其頓共和國（Republic of Macedonia），人口只有兩百多萬人的小國，失業率極高，一直在歐洲國家統計的貧窮名單裡榜上有名。卡狄爾念完高中就開始在歐洲各國打工，今年剛滿二十五歲，兩年前找到瑞典馬爾摩貨櫃司機的工作，才算稍微穩定下來。凌晨一點三十分，卡狄爾載著我在漆黑的公路上，一路往瑞典北邊前進，為了避免讓他在五小時的車程裡昏昏欲睡，我只好拼命和他聊天。

「為什麼你高中畢業就開始在各國打工賺錢？」我陪著卡狄爾抽了一根煙，為了讓自己也保持清醒。

「我一直想讀大學，但是家裡需要錢，只好高中畢業就開始工作，馬其頓的年輕人幾乎都面臨同樣的問題。」卡狄爾吐了一口煙說：「我不想一輩子都在無人的夜裡開著貨櫃車，終有一天我會回學校念書。」

「在台灣念大學困難嗎？」他接著好奇的問。

「在台灣要進大學不是一件困難的事，普遍一般家庭都負擔得起孩子的升學費用，但是隨著學費越來越高，很多台灣的年輕人必須像你們一樣到處打工賺錢，或是申請就學貸款，畢業之後慢慢將學貸還清，但不至於離鄉背井到外地工作才能生存。」我回想自己一路順遂求學的過程，念的是公立大學，學費並沒有造成我太大的負擔。

說完這段話，我不禁開始擔心台灣就業人口嚴重外移早已是常態，台灣下一代的年輕人會不會有一天也步上卡狄爾國家的後塵，只能靠著鄰近國家的工作，才能養活一個家。

「平常你一個人晚上開這條公路時都在想什麼？」我盯著前方看似無止盡的公路喃喃自語，期待能開啟一些有趣的話題。

「我會想想待在馬其頓時的生活。」他沉默了好幾秒才回答我：「在這裡我必須重新學會瑞典語，才能融入他們的生活，路上的招牌、路牌全都是瑞典語。」

「你有想過一直待在瑞典生活嗎？」我問。

「如果有遇到心儀的女生，我願意為她留在瑞典，但是我一直都忙於工作，從沒交過女朋友。」卡狄爾又點起一根煙。

儀表板上的時間顯示四點四十分。我不敢相信竟然才過了三小時。

「那你有心儀的對象嗎？」我問。

歷經十五小時的搭便車初體驗，儘管身體疲累，卻獲益良多

「當然有，但是因為語言還有信仰伊斯蘭教的關係，其實很難找到願意和我交往的瑞典女生。」卡狄爾說。

「在瑞典信奉伊斯蘭教的穆斯林多嗎？」我問。

「穆斯林大概只佔瑞典人口的百分之五，但是瑞典人現在似乎不太歡迎我們。」他有點苦惱的說：「前幾個月，有大批的穆斯林在斯德哥爾摩發起暴動，因為瑞典警察為了自我防衛，在街頭開槍射殺一名穆斯林。」

「所以穆斯林的身份會讓你盡量避免讓當地人知道嗎？」我小心翼翼的問。

卡狄爾無奈的點點頭。

不知道貨車又行進了多久，窗外泛藍的天色漸漸亮起，精神不自覺跟著好起來。

總算抵達斯德哥爾摩車站。我要求卡狄爾等我一下，衝進對面的商店買了兩杯熱咖啡，當作是對他的答謝。握著手裡冒著熱氣的咖啡，繼續聊著剛才車上未完的話題。一杯咖啡的時間結束了，卡狄爾繼續前往送貨地點，我拖著沉重的行李前往下一個未知的旅程。

歷經十五小時的折騰，比起搭乘大眾交通工具，我幾乎多花了一倍的時間才抵達瑞典首都斯德哥爾摩。搭便車初體驗，儘管身體疲累，卻是獲益良多，停下來的每一輛車，短暫的交談，都讓我看見不一樣的瑞典風景。一路聽著卡狄爾從歐洲東南方來到北歐的故事，孤獨和孤立似乎是他一直以來遇到的難題，幸好他是個頗為樂觀的年輕人，開闊的心境總是讓無法短期改變的現況存在著被解決的可能。由衷希望有一天，任何信仰都能自在的存在於不同理念之中。

IKEA、肉桂卷，原來還有這些

瑞典識別之一，IKEA。搭便車途中正好路過IKEA創辦人坎普拉（Ingvar Kamprad）的家鄉愛爾姆特瑞（Elmtaryd）。即便坎普拉身家高達數百億美元，依舊選擇住在自己的家鄉，過著相當簡樸的生活，因此瑞典人對他十分推崇。若是哪天看到他和瑞典市民一樣擠在公車上，我想都不足為奇。

坎普拉從小過著貧窮的生活，五歲開始就懂得向家鄉的居民兜售商品。高中開始做著郵購生意，販賣各式各樣的生活日用品，同時創辦IKEA這個品牌；I和K取自他的名字Ingvar和姓氏Kamprad，E是他的家鄉Elmtaryd，A則是他居住的村落Agunnaryd。一九四三年至今超過七十年，全球都有IKEA大型商場。

一路見證IKEA過去七十年來成為瑞典人驕傲的宿主艾達（Agda），是在斯德哥爾摩第一位接待我的七十二歲老奶奶，接待第一晚，幫我上了一堂IKEA的歷史課。伴隨著艾達一同成長的國寶級瑞典品牌，同時喚起了她過往的記憶。

IKEA經典餐桌旁的牆壁上掛著一幅相框，是一名穿著軍服的年輕男孩。男

IKEA 身上披著代表瑞典黃藍相間的國旗顏色，為自己的國家擔任起外交大使

孩是艾達的第一任丈夫，與艾達結婚第二年就因不明原因在街上被槍殺，直到現在都還未破案。艾達帶著剛出生的女兒嫁給了第二任丈夫，前幾年也過世了，她才將男孩的相片又拿出來。艾達從沒忘記男孩，短暫的婚姻帶給她一輩子的快樂與思念，面對餐桌旁這一張泛黃的相片，一點也不覺得悲傷，而是努力讓自己活得更精彩，陪著男孩度過她的獨居時光。

第二任丈夫在前幾年過世了，艾達開始過著獨居的生活。獨自生活之後，艾達發現生活少了牽絆，反而能盡情安排自己想做的事情。上個月艾達從日本返國，整整一個月獨自旅行，興奮的不停和我分享她搜刮回來的戰利品，儼然是個標準的哈日族。晚餐時間拿出一把涼扇、壽司竹簾，和一面日本國旗，在我面前展示一番，接著要求我教她做壽司，興致勃勃告訴我所有材料都已準備就緒，只是不知該從何下手。今晚會有如此特別的安排，原因竟然是台灣深受日本文化影響，艾達認為做壽司對台灣人來說應該是家常便飯。事實上我也從來沒親手做過壽司，開始喜歡吃壽司，印象中是在過世的外公帶領下才學會慢慢品嘗日式料理的精緻與美味。可愛的哈日艾達奶奶，讓我想起台灣的外公和外婆。

外公離開外婆多年，談起外公，外婆老是想起和他到日本旅行的記憶。有一年日本舉辦萬國博覽會，外公和外婆隨著旅行團到名古屋，外公開心的在會場內外穿梭，外婆深怕走丟，緊跟在後，兩人迷失在近百輛的遊覽車陣中，久久不見同團隊友現身相救。精通日語的外公，帶著外婆搭地鐵到下一站目的地與團員會合，途中碰巧遇見另一批台灣團正要前往餐廳用餐，他鄉遇故知，便隨著他們走進餐廳一同享用壽司。談起日本的種種，外婆總會想起外公，料理與情感的連結密不可分，特別是裡頭藏著一份記憶的時候。

我照著艾達廚房裡的食譜書，依樣畫葫蘆做了兩盤酪梨壽司，即便拙劣的技巧讓壽司與書中成品相差甚遠，艾達依舊樂不可支，連忙倒了一杯日本啤酒，犒賞我這位臨時被趕鴨子上架的半調子廚師，催促我趕緊坐下來享用這一餐耗費多時的「盛宴」。

除了經常為自己安排短暫的海外旅行，一旦回到斯德哥爾摩的小公寓裡，艾達依舊沒閒著，時常接待各國背包客住進家中，騰出沙發空間，交換來自世界各

艾達時常騰出家裡的沙發，接待各國背包客住進家中，豐富獨居的生活

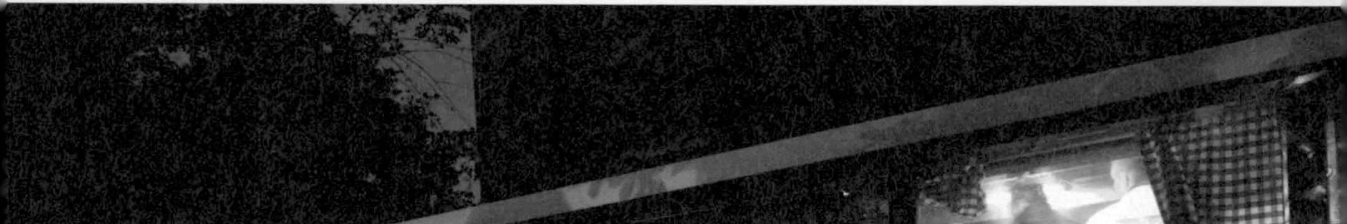

吃到飽巴士每週五停靠在公園裡，裡頭擺滿各家餐廳為街友捐贈的晚餐

地旅行的故事。

在宿主家中睡沙發我倒是習以為常，當我終於無法忍受背包裡那一堆重複穿了幾個禮拜的髒衣服，慶幸總算有地方可以清洗衣物時，竟然發現公寓裡根本沒有擺放洗衣機的空間，甚至誤以為以北歐設計聞名的國家，洗衣機該不會進化到和我想像中的不太一樣，事實上完全不是這麼一回事。

艾達帶著我走出公寓大門，搭電梯到地下一樓，查了洗衣機的排班時間，確定今天的確輪到她住的樓層洗衣服。小小的洗衣房裡擺著一台洗衣機和烘衣機，提供整棟大樓住戶輪流洗衣服，我以為這樣的共用概念大概只會出現在青年旅舍裡，沒想到也適用在瑞典人的生活裡。原來瑞典人認為一台洗衣機價格不斐又佔空間，況且平均一週只需洗一次衣服，實在沒有必要將一台洗衣機佔為己有。

前一晚聽了艾達的建議，特地前往位在斯德哥爾摩的 IKEA。即便 IKEA 的商品早已滲透台灣各個家庭，仍然頗為好奇本地 IKEA 有何特別之處。斯德哥爾摩中央車站（Stockholms Centralstation）對面有專屬 IKEA 巴士站牌，週一到週五從上午十點到晚上七點，提供免費接駁 IKEA 到中央車站之間的往返。企業細心服務不在話下，在顧客開始消費前就備受禮遇，或許這是坎普拉給瑞典市民一份貼心的禮物，也為來訪各國的遊客，送上一份真切的見面禮。IKEA 身上披著代表瑞典黃藍相間的國旗顏色，為自己的國家擔起「外交大使」的形象。

在斯德哥爾摩 IKEA 門市裡晃了約莫半個鐘頭，觀察了空間陳設、商品類型，和我在台灣逛 IKEA 的經驗幾無二致，買了 IKEA「名產」肉桂卷，坐在餐廳等待下一班接駁車到來。一名剛下了班身上披著 IKEA 制服的員工，同樣端了一盤肉桂卷坐到我隔壁桌，我們展開了一段有趣的對話。

「IKEA 的肉桂卷好吃嗎？」我起了個頭。

「不能說好吃，不過下班到餐廳休息一下，嘴裡想嚼點東西倒是不錯的選擇。」他幽默的回答。

「IKEA 的東西好用嗎？」很好奇 IKEA 的瑞典員工對自家產品的評價，只好失禮的問了一下。

「不能說好用，不過不想花太多錢，想暫時有個家的感覺倒是不錯的選擇。」他笑著回答。

「昨晚接待我的瑞典人說你們老闆五歲就開始賣東西，一個孩子到底能賣什麼？」我問。

「喔，他賣火柴。」他回答。

「IKEA 的『I』到底要唸『伊』還是唸『哎』？」這個問題自從和美國朋友爭辯過後，就困擾我很久，總算可以向當地人求證了。

「『伊』KEA，你想想瑞典的英文怎麼唸？」他說。

「SWEDEN。」我說。

沒抱多大期待造訪瑞典本地的 IKEA，果然如預期一樣毫無任何驚喜，卻意外解答了我幾個關於 IKEA 的小小疑惑。IKEA 員工誠實又幽默的回答，道出了品牌之所以遍佈全球的原因，塑造出看似生活中可有可無，卻又不可或缺的商品，讓消費者在經濟上毫無壓力的掏出荷包，就能短時間打造出一個「還可以」的生活環境。

夜色漸暗，走過斯德哥爾摩中央車站，看見一輛停在公園裡的紅色巴士，車內燈火通明，裡頭坐滿了人，我好奇往公園裡走去。巴士外頭站了幾名外表略微不修邊幅的中年男子，手裡啜飲著熱氣騰騰的咖啡，以奇妙的眼光望著我走過來。其中一名嘴裡只剩幾顆牙的男子，示意歡迎我走進巴士。巴士裡頭擺滿各色食物，長棍麵包、義大利麵、炸薯餅、羅宋湯、咖啡、餅乾，絲毫無法引起我任何食慾，在車內待不到五秒鐘，濃烈的體味混雜著食物的味道，頓時讓我意會到聚集在此這些人的身份，在我幾乎咳出聲音的同時，同樣也引起他們異樣的眼光，原本喧鬧一時的空間，因為我的出現頓時靜了下來。我硬著頭皮找了角落的位子坐下，而並非失禮的轉頭離開現場，希望能將注意力還給這些美味的菜色。

「吃到飽巴士」每週五都會出現在這座公園，巴士裡的餐點都是從斯德哥爾摩各個餐廳募集而來，或是餐飲業者主動提供，裡頭不乏飯店等級的料理，當然少不了瑞典食物肉桂卷。若不是街友們各個蓬頭垢面，身上還拖著家當，不然還挺像週五夜晚的戶外巴士派對。街友多半離群索居，會將他們聚集在一起的理由不外乎是食物，吃到飽巴士的想法既佔不了多大的空間，也能遮風避雨，讓街友有尊嚴的坐下來好好享用美食。

IKEA 的創辦人坎普拉五歲在街頭賣起火柴，這是他創業的開端。我突然想起丹麥童話《賣火柴的少女》，女孩為了在寒冬中取暖，在點燃一根又一根火柴的光亮中，看見美好生活的幻影；坎普拉長大後不但實現了兒時火光中的幻影，也將創立品牌最重要的理念付諸實行，窮人在可負擔的價格中獲得和富人同樣的心靈滿足，拋棄高額標價的迷思，讓不同社經地位的人走進同一個場域平起平坐。當我走進吃到飽巴士，看著街友們咀嚼食物滿足的神情，即便只是每週短暫的「餐敘」，卻能暫時還給他們如同一般人正常的用餐環境，而不是永遠以乞討的姿態出現在街頭各個不起眼的角落。

原來瑞典不只有 IKEA、肉桂卷，模糊貧窮和富有的界限，關注社會底層的心理感受，才是這些具體印象背後的瑞典識別。

抬起頭就能看見信仰

自從看了以芬蘭作為拍攝場景的日本電影《海鷗食堂》（かもめ食堂），老想著有一天能走進芬蘭。夢想國度近在咫尺，從瑞典斯德哥爾摩飛抵芬蘭首都赫爾辛基約莫兩個鐘頭，夢還來不及做完，一眨眼就實現了。

《海鷗食堂》講述一名隻身從日本飛到赫爾辛基開設日本食堂的女子，將母親傳授的飯糰作為招牌菜，最後成了當地人最受歡迎的料理。整部影片色調輕盈，節奏沉靜，像是一個小女孩靜靜坐在桌角，手裡捏著拳頭般大小的飯糰一樣，可愛又羞澀。這是看了電影後，芬蘭人給我的第一印象。

抵達赫爾辛基市中心與宿主緹娜（Tiina）碰面。緹娜是一名芳療師，願意接待我住三個晚上，正好週末假日計劃前往位在艾斯博（Espoo）郊區的小木屋度假，順道邀我一同前往，體驗難得的芬蘭傳統桑拿（Sauna）。

十月中，芬蘭的氣溫已接近零度，郊區尤其明顯，正是洗桑拿的季節。日落光輝映照著湖面，被風吹散的雲層像墨一般潑灑在湖紙上，小木屋內隱隱透著溫暖的紅光，若不是屋子後方的樹林隨風搖曳，提醒我的確身在此處，否則就像盯著三百六十度大螢幕般毫不真實。

桑拿需要有充裕的時間和一連串的準備工作。緹娜拎著竹簍帶我往樹林裡鑽，隨處從地上撿了一些乾枯的木柴，裝滿一簍後，帶回小木屋裡生火點燃；灶口上的鐵桶裡擺滿桑拿石，等待柴火燒燼，預熱約四十分鐘，再將一旁的湖水澆在桑拿石上，利用石塊散發出熱騰騰的蒸氣，溫度漸漸往一百度上升。為了讓溫度維持在一定高度，需不斷添加木柴，來回往湖邊提水，補充桑拿石需要的水份。終於溫度維持在一百度的高溫，身體實在負荷不了，縱身跳下小木屋門外的「天然浴缸」，湖裡的水溫瞬間讓體溫下降，不到三十秒，趕緊游回岸邊再衝進小木裡取暖，接著重複所有步驟。整整兩個鐘頭的傳統桑拿初體驗，一刻不得閒，實在驚嘆芬蘭人為了桑拿，竟然肯花錢蓋一棟小木屋，在週末假日老遠開著車來到郊區，將寶貴的時間奉獻在洗澡這件事上。緹娜說這是芬蘭人最重要的休閒活動，遠離人群，回歸自然，讓他們覺得身心充滿自由。

芬蘭人總是不辭辛勞開車來到郊區的小木屋，將寶貴的時間奉獻在洗澡這件事上

芬蘭人的確給人一種疏離感，加上冬天氣溫寒冷，大街上人潮總是稀稀落落。當我拿著地圖走在街上時，芬蘭人不像其他歐洲國家的人會主動詢問去向，或是熱心提供乘車建議，而是雙手裹在口袋裡，縮著脖子在寒冷的街上快步走過我身旁。踏進商家，若是期望熱情的招呼，恐怕也得大失所望，芬蘭的店員總是靜靜等待顧客主動提出問題，才會上前為你服務，不過度推銷，倒是在「保持距離」上贏得良好的服務態度。芬蘭人不主動、不熱情的個性，讓我想起大學時期一位藝術史老師在鬧哄哄的課堂上說過的一番話，她說：「話少的人能保有內涵，而話多的人是被一覽無遺的。」芬蘭就像是一個富有內涵的女孩，等待欣賞她的人慢慢去發掘。

歐洲教堂多不勝數，這類景點多半不是我特別會計劃前往的地方。在赫爾辛基市區一座建造在地底下的教堂，引起我的興趣。為了避開人潮，一大早便整裝出發，前往岩石教堂（Temppeliaukion Kirkko），站在一片隆起的岩石坡面上，手拿著地圖俯看周圍的街道，怎麼也不看不到教堂入口處。走到對街紀念品店詢問教堂確切位置，老闆指著正對面低矮不起眼的小門，抬頭一看，方才有個傻子站在教堂屋頂上，遍尋不著的教堂入口，原來就在腳底下。

岩石教堂是我迄今見過最美的教堂，四周牆面由不規則的岩石堆砌而成，散發出自然原始的況味，宛如置身在杳無人煙的洞穴裡。起初我以為建築師只是選了一塊空地，再以岩石作為基底將整座教堂蓋起來，事實上是將原本座落於此的花崗岩，掏空裡頭的石塊，才展現出如此與世隔絕的空間氛圍。教堂屋頂的光線自然灑落在室內，隨著天空雲層流動改變陽光照射的位置，座椅、岩石牆面、地面也隨時被賦予不同的面貌。我不是基督徒，自然沒有每週上教堂的習慣，但岩石教堂卻足足讓我待上兩個鐘頭。不同於一般歐洲教堂以華麗雕工展現其壯闊氣氛，反倒是以簡約、樸實無華的設計讓擁有不同宗教信仰的人，不自覺想加以親近。岩石教堂帶給我心靈上的寧靜與溫暖，同時也讓我體會透過建築傳遞信仰的本質，是一件多麼難得的事。

正當我打算離開赫爾辛基移動到其他城市的同時，寄出了好一段時間的郵件，竟意外收到回覆。伊達（Iida）是一位從事國際書籍版權管理的高階主管，

芬蘭人非常享受洗完桑拿，在小木屋裡和家人一起享用晚餐的時刻

同時也是一位剛離婚不久的單親媽媽，最近辭去十多年任職的出版社，等待下一份工作的空檔，願意接待我到家裡住上兩晚。

伊達來自一個基督教家庭，爸爸是牧師，從小習慣在飯前禱告、週日上教堂、讀聖經，教會裡的人都知道伊達的爸爸是牧師。在晚間的餐桌上，我並沒有發現伊達有作飯前禱告。

「我在大學畢業後選擇放棄信仰了二十多年的宗教，並且嫁給了同樣不信奉基督教的伴侶。」伊達語帶輕鬆的說著。

「你的父親有反對嗎？」我問。

「他非常不諒解我為何放棄信仰，但沒有責怪我嫁給一個不是基督徒的先生。」她拿起一根蔬菜棒啃了一口繼續說：「我在求學的過程中看了很多書，最後明白信仰是自己的選擇，並非原生家庭所賦予。進入職場工作的那一年，我選擇拋開信仰，但我並不鄙視基督教教義，畢竟那曾經是我的一部分。」

「應該需要很大的勇氣吧？」我有點驚訝的問。

「的確是，因為教會裡所有認識我的人都知道我是牧師的女兒，而一個牧師的女兒竟然從此不再相信上帝，這對他來說是多麼大的諷刺。」她吸了一口氣說：「更諷刺的是，我生下第一個孩子的時候，我的先生信了上帝。」

我嚥下一口食物，睜大眼睛好奇的聽著接下來的發展。

「信仰是個人的自由，我並不干涉，但是接下來幾年我們的想法越來越不同，我必須承認信仰在他身上起了變化。」她說：「等孩子大了一點，我進入出版社工作，把重心都放在工作和孩子身上，和他漸行漸遠，最終我們選擇了離婚。」

「孩子現在是和你前夫一起住嗎？」我問

「剛離婚的時候我的經濟狀況不如我的前夫，加上我長時間都在工作，無法和孩子有太多時間相處，最後協議一個禮拜孩子可以到我這裡住上兩天，其餘時間都必須回到我前夫的家中。」她有點不捨的說。伊達撥弄著桌上的餅乾屑，若有所思的樣子。

「其實這樣也好，因為我的工作必須要一個月看三十本書，回到家的時間也都在看書，我真的很享受看書的時候。」她突然坐起身，語調頓時變得開朗。

「我一個月能看三本書就不錯了。」我驚訝的說。

「我的工作是從世界各地著作裡發掘在芬蘭書市中有潛力的作品，培養快速閱讀的能力是很重要的。」她眼睛發亮著說：「我非常期待下個禮拜轉換的新工作。」

離開餐桌前伊達跟我說，有一天她的小兒子怯生生的問她：「我如果相信上帝，你會生氣嗎？」伊達摸摸他的頭說：「如果相信上帝可以讓你快樂，就照著自己的心意去吧！」

從伊達的身上我看不到失婚婦女的沮喪與孤寂，更沒有在失敗的關係中垂死掙扎的傳統思想，而是從工作中獲得自信，敞開大門迎接世界各地的旅人，豐富自己的單身生活。伊達雖然打破了很多信仰之下原有的期望，但能勇敢作出那些決定，相信自己願意相信的事，對很多人是很小的一步，卻令她的人生邁出了一大步。

隔日，伊達帶我繞著市區散步，走著走著來到了一棟外牆漆著柔和色調的三層樓建築物前，這是一棟專為兒童設計的藝術中心，名為亞娜塔蘿（Annantalo）。

亞娜塔蘿是一棟專為兒童設計的藝術中心

婚姻與家庭關係的變化，是每個人長期存在於內心的考驗

正好碰上下課時間，遇見兩名國小四年級的小男生，在教室外頭座椅上討論著等等要上台表演的劇本。原先以為芬蘭小學生無法以英文與我溝通，短暫交談過後，英文雖談不上流利，卻絲毫沒有台灣孩子遇見外國人表現出突如其來的羞澀，也不會相互推托開口說出他們不擅長的外語，而是努力的用各種學會的英文單字拼湊出句子，讓我瞭解他們即將上台表演的內容。其中一人提議讓我加入他們的演出，我欣然答應，小男生興沖沖跑進教室徵求老師許可，無奈必須事前向校方提出申請，只好客氣的請我離開。

伊達在兩個兒子還在念小學時，時常在下班前的兩個鐘頭，先讓他們待在亞娜塔蘿裡的海堤拉（Haitula）兒童咖啡館寫作業，等下班時間一到，再順道將他們接回家。現在兩個兒子的監護權歸給前夫，無法時常見到他們，伊達偶爾路過時都會走進兒童咖啡館，坐在以前兩兄弟常坐的位子上，回想過去和他們相處的時光。一走進咖啡館，明顯感覺出所有東西和高度都縮小了，門框、椅子、桌子的高度也降低了，低矮的書架上擺滿兒童繪本，牆面掛上充滿想像力的圖畫。咖啡館因為老舊和迷你版的傢具，使整個空間彌漫著一股奇幻的氛圍，這也難怪放學時間一到，許多進到兒童咖啡館裡的小孩，就像掉入愛麗絲夢遊仙境裡的兔子洞一樣，寧可一輩子也不要出來。

碰上隔壁小學放學時間，身著粉紅格子衫，頭上別了一朵花的女孩走進兒童咖啡館，女孩主動打了聲招呼，接著很自然的和我們閒聊起來。米娜（Minna）的父親是日本人，母親有芬蘭與美國血統，她的身上卻散發著芬蘭人少有的陽光氣息，或許和來自美國夏威夷的外婆有一點關聯。因為父親工作的關係，米娜從小隨著父親生長在比利時，母親與哥哥同住美國，每年夏天全家人定期會飛往夏威夷和外婆碰面，直到今年滿十二歲，才隨著母親和哥哥搬回芬蘭生活。一家人長期分隔兩地，雙親的婚姻早已亮起紅燈，父親仍然寄情於工作，兩兄妹則自願選擇回到芬蘭和母親一同生活。米娜的英語明顯比剛剛那兩位小男生流利，但我還是花了一些時間釐清她的血統和錯綜複雜的成長背景；簡單的說就是一名年僅十二歲的女孩擁有三國血統，會說四國語言，分別在四個不同的國家度過她的童年生活。米娜隨著生長環境轉換溝通語言，和爸爸說日語、媽媽說芬蘭語、外婆說英語，住在比利時八年時間和同學說荷語，現在定居芬蘭，則努力練習不常用到的芬蘭語和同學溝通。一個十幾歲的孩子在成長過程中為了遷就人與環境，在四種語言中不斷尋找自我認同，仍然覺得過去成長的四個國家，讓她沒有家的歸屬。

與芬蘭孩子相遇帶給對我台灣教育的省思。國小四年級的學生絲毫不怕生，大方用不熟悉的英語和外國人溝通，並且願意與相識不到五分鐘的陌生人分享他們感興趣的事物，邀請對方一同參與。芬蘭人的付出、分享、接納的教育，從小就在他們的生活裡扎根。

婚姻與家庭，不久的將來可能會是我即將面臨到最重要的人生課題。來到芬蘭短短一週，碰見剛結束一段婚姻關係的伊達，遇見即將在單親家庭環境迎接青春期的米娜，讓我對婚姻和家庭的建立有了更深一層的省思。分裂的家庭關係中，母親與孩子的角色同時擺在我眼前，我無法準確判斷他們是否惋惜這段曾經美好的關係，或是慶幸自己終於從不健康的狀態中解脫，但我確實能感受到他們都勇於接受一段關係所帶來的變化，並且在關係的轉變中逐漸適應新的身份。伊達給了米娜一個深深的擁抱，雖然一句話也沒說，但擁抱中蘊藏著母親對孩子的疼惜，面對未來，這將會是一段長期存在於內心的考驗。

生命沒有年齡

赫爾辛基下起了冬天的第一場雪。芬蘭人並沒有因為習以為常的雪景表現得特別冷靜，反倒是歡欣鼓舞與一旁不熟識的客人舉起酒杯，稍稍慶祝彼此即將一同迎接雪季的到來。此時坐在露天酒吧的我，被全場突如其來的舉杯慶祝儀式給嚇了一跳，芬蘭人展現熱情的方式竟然會反映在一場稀鬆平常的降雪上，舉杯過後，隨即又是一陣沈靜，實在令人摸不著頭緒。與我通信多時的芬蘭室內設計師，朵芙（Tove），正好現身赴約，開心祝賀我碰上今年赫爾辛基的第一場雪，熱情邀約我值得再點一杯酒，慶祝這難得的時刻。

朵芙渾身上下散發著藝術家的氣息，完全察覺不出她竟然已高齡七十四歲，一條牛仔褲搭配黑色高領寬鬆毛衣，棕金色的長髮散落在肩上，臉上隨時掛著笑容，知性和活力在她身上展露無遺。

朵芙在芬蘭是小有名氣的室內設計師，自住的公寓裡有一半以上的傢具出自她的作品，女兒從小受到她的藝術薰陶，很自然也成為一名出色的植栽設計師。細細觀察朵芙的生活環境，沒有過多的裝潢，卻能營造出獨一無二的品味，赫然發現前一天在當地博物館裡展出的當代瓷器，竟然就活生生出現在朵芙家裡的餐桌上，並非朵芙家財萬貫，能將博物館裡展出的藝術品放在家中，而是博物館裡大部份展出的早期居家用品，正是芬蘭人所認同的藝術。

端著博物館裡看到的器皿用餐，仍然令我吃得膽戰心驚。我和朵芙從傢具聊到電影，從旅行聊到愛情，而最近的一段愛情，讓她直呼不可思議。

「二十四歲的時候我到丹麥旅行，認識一位丹麥男孩，我們一見鍾情，三天後我回到芬蘭，靠著寫信，只維持了一年的感情，因為當我收到最後一封信時，他告訴我他要結婚了。」朵芙盤著腿回憶著當年。

「你一定很難過。」我說。

「我當時難過很久，因為這是我第一次這麼喜歡一個男生。」她有點沮喪的說：「但我很快就脫離悲傷的情緒，迎接下一段感情，沒多久我也結婚了。」

「五十年前的事情你都還記得，可見這段感情真的蠻深刻的。」我說。

「今年因為一本設計雜誌做了我的專題報導，他看到之後，透過網路搜尋到我的工作室，五十年後我們又見面了。」她露出了幸福微笑說。

「好像在拍電影！」我興奮的說。

「當我再見到他的時候，我覺得他變得好老，但我們的說話方式竟然和五十年前一樣，那股熟悉的感覺又回來了。」她帶點複雜的情緒說：「他離婚了，單身好多年，我告訴他，我也離婚了，於是我們很自然又在一起了。」接著又說：「我發現五十年前我非常依賴他，現在則是他非常依賴我，並且不止一次提起想和我結婚，彌補五十年前沒有娶我的遺憾。」

「你答應了嗎？」我問。

「我沒有答應，我很珍惜能夠再重逢的機會，但是對婚姻已經沒有期待了，只想把握現在能和他相處的時間，畢竟我們都已年過七十。」她淡淡的說。

朵芙最終沒有答應舊情人搬到丹麥一起生活，堅持丹麥、芬蘭分隔兩地，也許維持所謂的「愛情」，並非轟轟烈烈，而是能有一個人遠遠的透過文字、話語表達關心，才是喚回當初那段青澀戀情最重要的原因。

赫爾辛基下起了冬天的第一場雪，一向冷靜的芬蘭人竟反常的歡欣鼓舞

和朵芙相處了幾天，發覺生命在她的日常生活裡其實毫無年齡界限可言。朵芙沒有年過七十理當顯露出年長者孱弱的一面，總是健步如飛帶我穿梭在市中心的美術館、咖啡廳、二手市集；或是晚餐後頂著冷冽寒風拉我到外頭的酒吧，就為了看她極為欣賞的小喇叭爵士樂手今晚的專場演出。我突然想起朵芙的年齡根本小我外婆沒幾歲，但我實在很難想像有天外婆會如同朵芙一樣，興奮的在酒吧裡拿著一杯調酒，隨著舞台上的樂手搖擺身軀。朵芙重新接納五十年前初戀情人的追求，我想她是將當初看待愛情的心境，喚回到如今略顯不同的外在，事實證明，年齡對她來說只是紀錄時間的確過了好一大段。

位在赫爾辛基的基亞斯瑪（Kiasma）當代美術館裡，我和朵芙不約而同在一件極不尋常的作品前停下腳步，起初我們都不太確定它是否能被稱為「作品」。一片模糊的鏡面掛在展區牆面上，煞有其事以警戒線圍出安全觀賞距離，當觀者駐足在鏡子前，反射出的畫面就變成了一件作品。起初我對於創作者如此輕而易舉便成就一件作品的想法，不免感到有些偷懶，但我身旁這位藝術家竟然意外給予極高的評價。朵芙從事藝術創作超過五十年，認為一件作品的樣貌會反映出創作者內在的想法，鏡面的反射很明顯只是一個具象的概念，以幽默的方式呈現在觀者眼前。聽完朵芙這番獨到的見解，雖然仍半信半疑這幅作品的「真偽」，倒是對她看待事情保持開放、充滿想像力的見解極為欣賞，總是對任何事物保持高度好奇心，有時候我真懷疑到底是誰才是初次拜訪赫爾辛基的客人，驚喜與驚歎遠遠略遜她一籌。

離開赫爾辛基的前一週，我收到兩個月前借宿在英格蘭宿主派翠克的來信。派翠克的文字就像父親關心兒子一般的問候，讓我倍感溫暖，邀請我在耶誕節前夕回到家中與他過節。

走出朵芙家中，陽光普照，我和朵芙仍舊愉快地聊著天，一點都沒有即將分離的感傷。朵芙開車載著我一路往機場的方向，突然想起當初因為電影《海鷗食堂》才有了前往芬蘭的念頭，隨口問了朵芙關於這部電影的印象。原來這間食堂的場景，就在公寓住處的轉角，電影拍攝結束後，腦筋動得快的當地業者，順勢將場景陳設原封不動留了下來，從此成為日本人心目中熱門的芬蘭景點。即便我

這段旅程一共住進十五位宿主家中，我看見「家」在不同人生階段中被發展出來的樣子

不知走過食堂大門前多少回，總是沒發現它竟然就近在眼前，至今仍然心心念念裡頭的食物和場景。沒能親自造訪海鷗食堂雖然有點可惜，對於保有對一件事物的嚮往，我想遠比親眼所見更能永遠留在心中吧！

細數這段旅程，一共住進五個國家，十五位宿主的家中，天數從一晚到數週不等，每一次短暫停留的美好經驗，都讓我更加期待下一次遇見的「家」是什麼樣子。每一次的入住，都讓我看見家在不同人生階段中被發展出來的樣子。短暫入住宿主家中，成為平凡生活中意外的家庭成員，跟著他們的生活作息、共桌用餐、參與社區旅遊、參觀日常工作環境、參與家庭會議，在各種家庭結構裡扮演著不同的角色，或許有某些時刻真能為他們填補生活裡角色的空缺。我很樂於繼續成為這十五位宿主接待的對象，雖然我知道再見面的機會微乎其微。

從赫爾辛基飛往英格蘭的途中，隔壁坐了一名臉上帶著稚嫩，眼神卻相當早熟的七歲女孩，伊莎貝拉（Izabella）。機場地勤人員將伊莎貝拉安頓在我座位旁，與空服人員交接後，給了女孩一個親切的微笑便離開機艙，伊莎貝拉臉上隨即陷入一陣憂慮，空服員蹲下身詢問她是否需要飲料或零食，她一概搖頭，轉頭望向即將飛離的航道。

伊莎貝拉有芬蘭和英國兩國血統，與父母住在倫敦，上個月媽媽將她送到機場交由地勤人員帶上飛機，抵達赫爾辛基後，再由地勤人員上飛機帶她出關，與在機場大廳的芬蘭外婆碰面。在我聽完伊莎貝拉輕鬆的描述一個七歲的孩子如何搭飛機往返芬蘭和英國之間，感到不可思議的同時，她卻說明五歲就可以自己搭飛機，媽媽非得要她滿七歲才准許她到芬蘭探望外婆，這句話才說完，她便想起一早與外婆在大廳分開的畫面，隨即把頭轉向窗外，不讓我看見即將奪眶而出的眼淚。

看著伊莎貝拉小小的背影，窗戶倒映著滿是淚水的小臉龐，心疼之餘，其實對這樣的短暫離別而哭得稀哩嘩啦，多少感到有點好笑，心想若是等到她十七歲、二十七歲，回頭想起這件事，或許會覺得當初的淚水未免太過小題大作。我想起一年前被加拿大海關遣返回台的班機上，為了不被當時鄰座的乘客發現我一

在充滿沮喪的那段時期選擇進行一次長途旅行，我為這個決定感到慶幸

尋著各國宿主的生命故事喚起自己過往的生活軌跡，是旅行帶給我最珍貴的禮物

時抑制不住的眼淚，幾乎是把頭緊貼著窗口，硬是把眼淚吞回去。當時我從沒想過成為一個夢想的失敗者，能在這趟旅程中找到比完成夢想更有價值的事，經歷過這次毫無計劃的旅行之後，我想持續參與世界將是我一生中最重要的一件事。

旅行進行了三個多月，與各國宿主在屋子裡分享彼此心底的秘密，尋著他們的生命故事喚起自己過往的生活軌跡，經歷著彼此的生命旅程，在笑聲、嘆息、悲傷、感動中安慰與認同，是這次旅行帶給我最珍貴的體會。

在心裡充滿沮喪的那段時期選擇進行一次長途旅行，我為這個決定感到慶幸。旅行讓我發現生命過程中會面臨到的真相，隨著歲月流逝，將一步一步走到真相的面前，使我不致過於驚慌。

這趟旅程，行囊裡多了幾件來自世界各地的紀念品，相機記憶卡也裝滿了數千張照片，在往後的日子雖有助於回憶旅行時的片段，但一路以來慢慢發酵的省思，卻是我日後漫長生活裡的支柱。倚靠這根無形的支柱，我不再為無法實現夢想感到懊惱，也不再沉溺一件事情的成敗帶來風光或沮喪，因為任何一種結果，終將在人生裡的某個階段有所獲得。

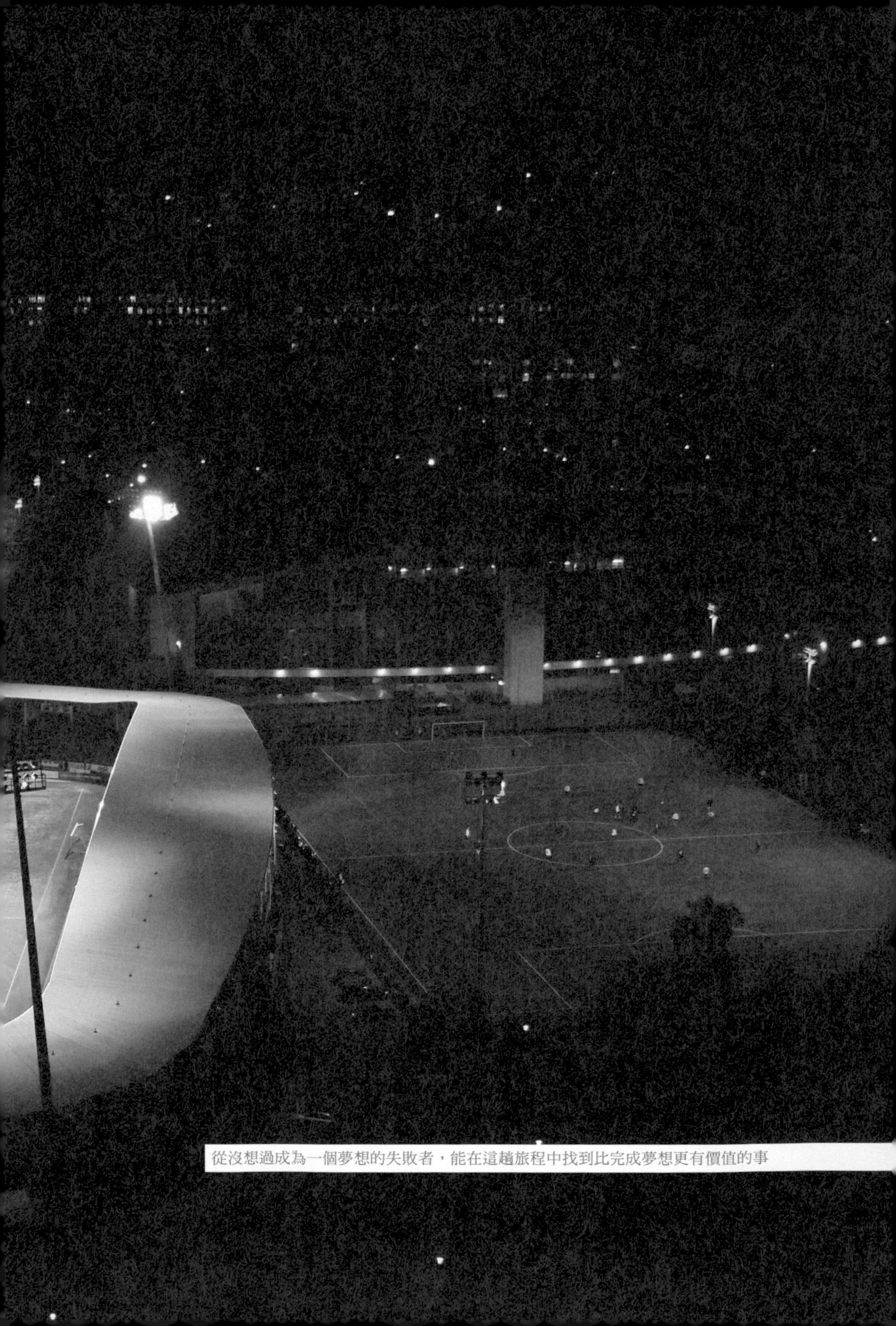

從沒想過成為一個夢想的失敗者，能在這趟旅程中找到比完成夢想更有價值的事

後記

本書接近完稿的時候，正好接連幾個月的拍攝工作也告一段落，短暫讓自己放個假，去了一趟比利時。

前往比利時北邊安特衛普（Antwerpen）的火車上，照慣例我寄了幾封信，向 Servas 宿主提出兩晚住宿的請求，隔了幾個鐘頭，收到宿主方思（Fons）同意接待我的回覆，信件中告知因為近期身體出了問題，這段期間必須待在醫院治療，依然歡迎我獨自待在他的住處，住上兩晚。讀完這封信，立即回信告知，基於如此特殊情況，看來不便打擾，請他好好安心修養。

離開比利時的前一天，竟然又收到了方思的來信，感謝我的體諒，若有機會，他想見見我。臨時更改行程，決定到醫院探視他。

初見方思，因為虛弱而微微弓起的身軀，努力想挺起身子歡迎我，蒼白的臉龐，依舊堆了滿滿的笑容。方思的健康狀況遠比信中那些簡略帶過的文字要嚴重得多。方思今年六十三歲，過去五十年來煙不離手，終於在去年被診斷為肺癌末期，上週手術宣告失敗，現在唯一能做的只有等待生命慢慢結束。

和方思談話的過程中，即便他氣若游絲，卻絲毫感受不到一點負面情緒，原因是他對自己過往的人生一點遺憾也沒有。方思告訴我，過去因為工作的關係，在墨西哥住了二十年，生活雖不如在比利時富裕，期間有幾年回到家鄉工作，即便頗有發展，心情卻常處於不快樂的狀態，寧可選擇繼續留在墨西哥過著苦哈哈的日子，一點也不後悔這個佔去他人生三分之一的決定。方思語重心長的告誡我，我現在還很年輕，盡可能不要去做讓自己不快樂的事。

五月是比利時盛產草莓的季節，方思吃了一顆我從市場裡買來的新鮮草莓，香甜的氣味讓他微微閉起雙眼。方思的家鄉在霍赫斯崔藤（Hoogstraten），位在荷蘭和比利時的交界處，正是盛產草莓的地方，這一口香甜的草莓勾起他的童年回憶，期盼能回到家鄉用剩餘的日子陪伴年邁的母親。

晚餐時間，托盤上只有一碗洋蔥湯、兩片白吐司，看得出方思絲毫沒有胃口，

透過旅行，才發現生命有太多可能

我陪著他喝了一碗洋蔥湯，剩餘的吐司就擱在一旁。問起方思為何想見我，他說加入 Servas 超過三十年，離開比利時之後，就沒有再接待過任何人，我是過去這二十年來第一位寫信給他的訪客，尤其是在生命即將結束的重要時刻，他覺得這是很難得的緣分。我給了方思一個深深的擁抱，離別前他帶著微笑對我說：「我們應該不可能再見面了，讓這兩個小時的友誼永遠存在彼此心中吧。」

走出病房，心裡有股說不出的難受，面對才剛認識兩小時的朋友，知道他不久之後即將遠離人世，雖談不上真正的悲傷，但情緒難免受到些微影響。晚上九點多，天還是亮著，騎著自行車在公園裡繞著，腦中不斷盤旋最後方思告訴我的那句話：「盡可能不要去做讓自己不快樂的事。」我開始回想這三十多年來，自己到底有多少時間是快樂的，我想不快樂的時間要來得比快樂多。

過去那三個多月的旅程開始之前，是我人生中最不快樂的時期，因為一個無法達成的夢想，就讓自己的生活完全停擺，透過旅行，我才發現生命有太多可能。人們不該永遠只過同一種生活、在乎同一件事情、堅持同一種思維，這是旅行帶給我最大的轉變。旅行讓我變得更快樂，而方思的那句話，將一輩子留在我心中。

In Memory of Fons

如果總是在等待別人的答案，才能安心去走別人走過的路，
那人生是不是如同旅行一樣會失去其中很多的樂趣。

凱特文化 讀者回函

您所購買的書名：只是不想回家

姓名：______________________________ 性別：□男 □女

出生日期：________年________月________日 年齡：____________

電話：______________地址：______________________________

E-mail：______________________ Facebook：______________

____ 學歷：1 高中及高中以下 2 專科與大學 3 研究所以上

____ 職業：1 學生 2 軍警公教 3 商 4 服務業 5 資訊業 6 傳播業 7 自由業 8 其他

____ 您從何處獲知本書：1 報紙廣告 2 電視廣告 3 雜誌廣告 4 新聞報導 5 親友介紹 6 公車廣告 7 廣播節目 8 廣告回函 9 逛書店 10 書訊 11 其他

____ 您從何處購買本書：1 金石堂 2 誠品 3 博客來 4 其他

____ 閱讀興趣：1 財經企管 2 心理勵志 3 教育學習 4 社會人文 5 自然科學 6 音樂藝術 7 養身保健 8 學術評論 9 文化研究 10 文學 11 傳記 12 小說 13 漫畫

請寫下你對本書的建議：______________________________

廣	告		回		信
板	橋	郵	局	登	記	証
板	橋	廣	字	第 836	號
免	貼		郵		票

收件人

新北市 236 土城區明德路二段 149 號 2 樓

凱特文化 收

寄件人

姓名

地址

電話

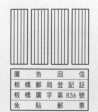

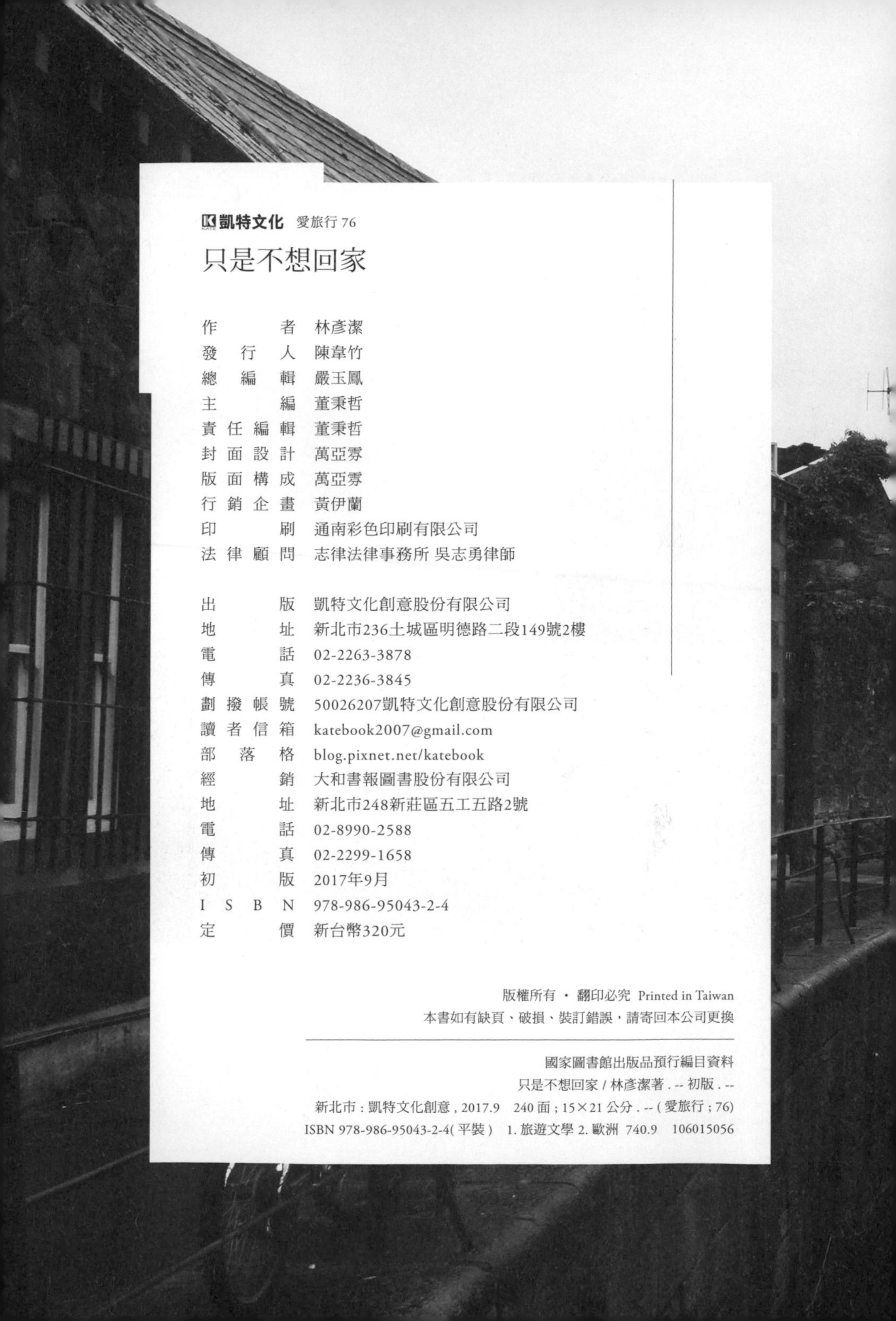

凱特文化　愛旅行 76

只是不想回家

作　　者　林彥潔
發 行 人　陳韋竹
總 編 輯　嚴玉鳳
主　　編　董秉哲
責任編輯　董秉哲
封面設計　萬亞雰
版面構成　萬亞雰
行銷企畫　黃伊蘭
印　　刷　通南彩色印刷有限公司
法律顧問　志律法律事務所 吳志勇律師

出　　版　凱特文化創意股份有限公司
地　　址　新北市236土城區明德路二段149號2樓
電　　話　02-2263-3878
傳　　真　02-2236-3845
劃撥帳號　50026207凱特文化創意股份有限公司
讀者信箱　katebook2007@gmail.com
部 落 格　blog.pixnet.net/katebook
經　　銷　大和書報圖書股份有限公司
地　　址　新北市248新莊區五工五路2號
電　　話　02-8990-2588
傳　　真　02-2299-1658
初　　版　2017年9月
I S B N　978-986-95043-2-4
定　　價　新台幣320元

國家圖書館出版品預行編目資料
只是不想回家 / 林彥潔著 . -- 初版 . --
新北市 : 凱特文化創意 , 2017.9　240 面 ; 15×21 公分 . -- (愛旅行 ; 76)
ISBN 978-986-95043-2-4(平裝)　1. 旅遊文學 2. 歐洲　740.9　106015056

只是
不想回家